e/ / dX d oaVx e/ / dX d oaVx e/ / dX
oaVx e/ / dX d oaVx e/ / dX d oaVx e/ /
dX d oaVx e/ / dX d oaVx e/ / dX d oa
oaVx e/ / dX d oaVx e/ / dX d oaVx e/ /
dX d oaVx e/ / dX d oaVx e/ / dX d oaVx
e/ / dX d oaVx e/ / dX d oaVx e/ / dX d
oaVx e/ / dX d oaVx e/ / dX d oaVx e/ /
dX d oaVx e/ / dX d oaVx e/ / dX d oa
oaVx e/ / dX d oaVx e/ / dX d oaVx e/ /
dX d oaVx e/ / dX d oaVx e/ / dX d oaVx
e/ / dX d oaVx e/ / dX d oaVx e/ / dX d
oaVx e/ / dX d oaVx e/ / dX d oaVx e/ /
dX d oaVx e/ / dX d oaVx e/ / dX d oa
oaVx e/ / dX d oaVx e/ / dX d oaVx e/ /
dX d oaVx e/ / dX d oaVx e/ / dX d oaVx
e/ / dX d oaVx e/ / dX d oaVx e/ / dX d
oaVx e/ / dX d oaVx e/ / dX d oaVx e/ /
dX d oaVx e/ / dX d oaVx e/ / dX d oa
oaVx e/ / dX d oaVx e/ / dX d oaVx e/ /
dX d oaVx e/ / dX d oaVx e/ / dX d oaVx
e/ / dX d oaVx e/ / dX d oaVx e/ / dX d
oaVx e/ / dX d oaVx e/ / dX d oaVx e/ /
dX d oaVx e/ / dX d oaVx e/ / dX d oa
oaVx e/ / dX d oaVx e/ / dX d oaVx e/ /
dX d oaVx e/ / dX d oaVx e/ / dX d oaVx
e/ / dX d oaVx e/ / dX d oaVx e/ / dX d
oaVx e/ / dX d oaVx e/ / dX d oaVx e/ /
dX d oaVx e/ / dX d oaVx e/ / dX d oa
oaVx e/ / dX d oaVx e/ / dX d oaVx e/ /
dX d oaVx e/ / dX d oaVx e/ / dX d oaVx
e/ / dX d oaVx e/ / dX d oaVx e/ / dX d
oaVx e/ / dX d oaVx e/ / dX d oaVx e/ /
dX d oaVx e/ / dX d oaVx e/ / dX d oa
oaVx e/ / dX d oaVx e/ / dX d oaVx e/ /
dX d oaVx e/ / dX d oaVx e/ / dX d oaVx
e/ / dX d oaVx e/ / dX d oaVx e/ / dX d
oaVx e/ / dX d oaVx e/ / dX d oaVx e/ /
dX d oaVx e/ / dX d oaVx e/ / dX d oa
oaVx e/ / dX d oaVx e/ / dX d oaVx e/ /
dX d oaVx e/ / dX d oaVx e/ / dX d oaVx
e/ / dX d oaVx e/ / dX d oaVx e/ / dX d
oaVx e/ / dX d oaVx e/ / dX d oaVx e/ /
dX d oaVx e/ / dX d oaVx e/ / dX d oa
oaVx e/ / dX d oaVx e/ / dX d oaVx e/ /
dX d oaVx e/ / dX d oaVx e/ / dX d oaVx
e/ / dX d oaVx e/ / dX d oaVx e/ / dX d
oaVx e/ / dX d oaVx e/ / dX d oaVx e/ /
dX d oaVx e/ / dX d oaVx e/ / dX d oa
oaVx e/ / dX d oaVx e/ / dX d oaVx e/ /
dX d oaVx e/ / dX d oaVx e/ / dX d oaVx
e/ / dX d oaVx e/ / dX d oaVx e/ / dX d
oaVx e/ / dX d oaVx e/ / dX d oaVx e/ /
dX d oaVx e/ / dX d oaVx e/ / dX d oa
oaVx e/ / dX d oaVx e/ / dX d oaVx e/ /
dX d oaVx e/ / dX d oaVx e/ / dX d oaVx
e/ / dX d oaVx e/ / dX d oaVx e/ / dX d
oaVx e/ / dX d oaVx e/ / dX d oaVx e/ /
dX d oaVx e/ / dX d oaVx e/ / dX d oa
oaVx e/ / dX d oaVx e/ / dX d oaVx e/ /
dX d oaVx e/ / dX d oaVx e/ / dX d oaVx
e/ / dX d oaVx e/ / dX d oaVx e/ / dX d
oaVx e/ / dX d oaVx e/ / dX d oaVx e/ /
dX d oaVx e/ / dX d oaVx e/ / dX d oa

Région BRETAGNE
METROPOLE Rennes vivre en intelligence

Les Éditions du commun reçoivent le soutien financier de Rennes Métropole et de la Région Bretagne.

Conception graphique de la collection
Fabrice Luraine, Marine Ruault
Typoésie générative : www.asciiland.net/des-reels
Caractère typographique: Courier

Typographies de la maquette intérieure :
Junicode et Decalotype
Maquette intérieure : Lucie Quézin
Relecture : Marie Afonso et Sylvain Bertrand

Éditions du commun – Rennes
www.editionsducommun.org

ISBN : 979-10-95630-41-8

Dépôt légal : mai 2021

Manon Delatre

Se faire virer

Suivi de Camera obscura

éditions du commun

J'aimerais dédier ce livre
à Catherine et Jean-Louis

Se faire virer

J'ai envie d'écrire comment ça s'est passé. Avant que le souvenir ne s'efface. Le déroulé des faits, les dates, les paroles prononcées, les gens.

Quand j'y pense aujourd'hui, je me dis combien est immense et fort heureusement inimaginable l'espace à parcourir entre le premier désir conscient de départ et le moment où, effectivement, sont brisés les solides barreaux du taf, du job, du boulot. Ceux contre lesquels on s'est cogné tant de fois avant de les voir, puis de savoir comment les tordre, et finalement les contourner en une ultime pirouette. Le boulot. Celui que l'on nomme, que l'on décrit maladroitement quand la question « et toi, tu fais quoi ? » fait sa traditionnelle entrée en scène.

Un espace à parcourir donc.

Obligatoire.

Je me souviens de ces longs mois. Tandis que je me démenais pour quitter « mon » entreprise, que je tentais de ne pas perdre de vue l'essentiel, ce pour quoi je voulais partir, les douleurs nécessaires à traverser, celles à ne pas tolérer. Classer, décider, baliser pour ne pas flancher. On m'a souvent demandé « tu pars pour faire quoi ? ». Ah ben ça alors, vaste question… Faire quoi ? Aujourd'hui encore, plus d'un an après, je n'en ai strictement aucune idée. Vivre, tout simplement peut-être. Galérer c'est sûr ; tirer fort au jour le jour sur chacun des deux bouts pour faire qu'à la fin du mois ils se rejoignent. Mais vivre, errer, vadrouiller, sentir l'air qui me traverse, sans être pieds et poings liés sans date de fin au bon vouloir d'un patron (une patronne en l'occurrence) qui peut décider de vous couper les ailes parce que ça lui chante et qu'elle en a les moyens.

Je ne me risquerai pas à faire de mon cas une règle générale. J'y repense comme l'expérience concrète de la manière dont chacun de nous bricole pour que son rapport au travail ne soit pas une douleur sans fin. Comment moi j'ai bricolé dans ce cas-là. Comment dans la lutte, si jamais elle se présente, chaque étape a son importance. Comment je n'aurais certainement pas pu, dès le début, de but en blanc, décider froidement d'être présente à mon poste de travail à chaque heure prévue par mon contrat et de ne pas y travailler. De n'y « rien faire ». Jusqu'à me faire virer. Impossible. Il me fallait passer par toutes les étapes précédentes, celles qui font qu'un jour l'évidence est là : « Personne ne peut m'obliger à travailler, ici, et maintenant. Personne. »

2011.

Je suis projectionniste.

Les doigts dans la pellicule. À temps partiel. Mon premier CDI.

25 heures/semaine, c'est pas mal comme rythme. Ça me va bien. Avec les horaires décalés, le temps qui m'appartient est supérieur à celui qui m'est arraché. Tout du moins, c'est comme ça que je le sens. Apprendre des choses entre les séances. Débuter à la basse, débuter en japonais. Ânonner les notes, les idéogrammes. Lire. Lire, encore et encore. Rêvasser. Poser un pied hors du travail et s'en défaire immédiatement comme par magie. Mais s'y trouver bien aussi, blottie dans son cœur rugissant. Aimer sentir la pellicule qui glisse, entendre le bordel innommable qu'elle fait en passant dans le chrono du projecteur. Trouver ça

poétique. Le trajet ricochant de la lumière. Charlie Chaplin qui fait s'émerveiller les enfants de 3 ans des années 2010. Aimer ça. Beaucoup.

25 heures/semaine. 1 180 € net/mois.

À Paris, c'est juste. Passer donc à 29 heures/semaine quand l'occasion se présente. Allez hop, quatre heures de plus. Quatre heures de plus, c'est fou ce que ça change, tiens. Mais ça va encore. Vingt-neuf heures donc, OK. Je vivote. Il ne faut pas multiplier les coups à boire avec les copains, il faut calculer, mais ça va, franchement ça roule.

Un beau jour de 2013, la projection devient numérique. La pellicule se retire petit à petit de ce monde, j'en retiens vainement les bobines qui me glissent entre les doigts. Les disques durs de 300 grammes prennent la place des immenses bobines de 15 kilos. Mon dos est soulagé mais une indéfinissable tristesse monte en moi. Une tristesse que je ne veux pas voir. Mais enfin, non, ça ne peut pas seulement tenir à ça mon bonheur au travail, au polyester du film 35 mm. Eh bien, si. Au moins en partie.

C'est ce que je comprends aujourd'hui. La douleur au travail est faite de tant de détails qui s'ajoutent. Petit à petit. Ou peut-être tout à coup. Mais pour moi, ça s'est fait petit à petit. Et la nostalgie de la pellicule a été un de ces immenses détails pour moi. Sans doute le premier.

2014.

Le poste d'assistante de direction du cinéma art et essai dans lequel je travaille se libère et m'est proposé. C'est vrai que je l'aime sincèrement, ce cinéma, je les aime, ses spectateurs, je les aime, mes collègues. Avec le temps, le directeur est devenu un ami. Ce cinéma, c'est toute sa vie. Et c'est un morceau de la mienne aussi. Alors on me l'a proposé. Une équation simple : un peu plus de responsabilités et le taux horaire vaguement supérieur qui va avec. De la projection, toujours, et compter les sous aussi, et remplacer le directeur quand il est en vacances. Je dis oui. J'en ai marre de compter chaque centime de mon salaire. De constamment garder l'œil sur le niveau de mon compte en banque. Et puis, sans la pellicule, la projection a perdu de son irrésistible saveur. Alors, la direction, pourquoi pas ? Donc je dis oui.

Je dis « oui, mais ».

Oui, mais j'aimerais rester à 29 heures/semaine.

C'est bien 29 heures/semaine. C'est possible, non ? Un bon compromis entre le temps et l'argent. Ce temps qui m'appartient et que je vis, à ce moment-là encore, comme plus gras, plus puissant, plus débordant que le temps contraint du travail.

Mais non, me dit-on, ce sera 35 heures/semaine ou rien. Bon d'accord, je me dis.

Je me dis, six heures de plus par semaine c'est pas si énorme en fait.

Mais si, bien sûr que six heures c'est énorme. J'ai 33 ans et deviens tout à coup nostalgique. La pellicule ne reviendra pas, les horaires décalés jusqu'ici sans douleur se mettent à me peser, le temps s'accélère, les responsabilités, ce cinéma qui ne m'appartient pas et auquel je devrais offrir mon élan premier, mes pensées premières. Je ne donne plus, on me prend. Le malaise intérieur est immédiat. Pas encore complètement conscient, mais tout de même. Plus envie de travailler. « J'aime pas travailler » et j'ai l'impression que je n'ai jamais aimé ça. Ça s'étale, ça me pète à la figure. C'est ce que je dis à mes collègues, à mes amis. Ça sort tout seul de ma bouche. Comme un hoquet. « J'aime pas travailler. » Ces journées si longues. Cette liberté, cette rêverie quotidienne qui me sont subtilisées en échange de quoi ?

En échange de 300 €.

On dit que le temps, c'est de l'argent. C'est très concret, en fait. 300 € qui représentent un billet de concert par-ci par-là, un livre acheté plutôt que simplement feuilleté en librairie, une tournée payée aux amis le vendredi. De bien maigres compensations pour le temps perdu : je bois des bières le vendredi soir pour oublier que j'ai bossé six heures de plus cette semaine-là pour pouvoir les payer. Vases communicants. J'ai la nette impression de me faire avoir au cours de la transaction. La chanson « La vie s'écoule » de Raoul Vaneigem ne cesse de rebondir dans ma tête : « Le temps payé ne revient plus... »

Passés deux mois comme sous-cheffe de service, je n'ai plus aucun plaisir. Mon travail me dévore. Chaque minute que j'y passe m'est arrachée. Je me vois posée sur des rails qui mènent tout droit à un cercueil de bois clair. Je détourne les yeux, regarde en arrière. Mariée de force à Paris, je n'arrête pas de penser au fait que, si je ne fais rien et me laisse simplement porter sur cette route sécurisante, la prochaine fois que je pourrai m'envoler plus de deux semaines d'affilée loin de cette ville, ce sera la retraite.

Désespoir.

Puis certitude : je vais partir. Ça gargouille, ça glougloute, ça fermente pendant un an avant que l'évidence ne clapote à la surface. Mais ça y est, je vais partir.

Pour faire quoi, peu importe. Pour partir, sauver ma peau.

Ma soif d'apprendre est grande, je suis pressée et, avant de savoir comment partir définitivement de ce boulot, il me faut rapidement m'en extraire pour quelque temps. C'est urgent, c'est vital. Emplir mes poumons de l'air du large, sentir le monde autour qui m'attend. Je monte donc un dossier de CIF (congé individuel de formation) en graphisme qui est accepté. La formation commence en janvier 2016.

Six mois loin de mon entreprise, à apprendre des choses passionnantes.

Des choses qui n'ont rien à voir avec la pellicule, le cinéma, la projection, le pop-corn, la glace fondue sur de la moquette rouge. Ouf, ça y est, je respire. Mais pas très longtemps. Car ce sont six mois d'un rythme éreintant où, assommée de travail sept jours sur sept, je finis par lâcher dans un souffle à mes formateurs : « Vous êtes vraiment très très forts : à m'engloutir comme ça, vous avez réussi à me faire regretter mon boulot chiant comme la mort. J'aurais jamais cru. »

Non, j'aurais jamais cru. Mais ça, c'est une autre histoire.

Six mois donc, puis retour au boulot.

Je rentre au bercail comme on rentre à la niche. Les choses se sont éclaircies pour moi, le plan d'attaque est peaufiné, écrit, ou du moins son début. Je ne peux plus tourner autour du pot, il me faut expliquer que je veux partir, suggérer une rupture conventionnelle à mon employeuse. La rupture conventionnelle, c'est l'unique façon pour moi d'être libérée à l'amiable et à la régulière de mon CDI, de modestes indemnités de départ en poche et, surtout, des droits aux allocations chômage immédiatement ouverts.

Oui, elle me laissera partir, tout ira bien.

Je la connais. Elle est très riche, immensément riche, n'a pas besoin de travailler pour vivre. Ses cinq cinémas et nous, ses employés, sont la justification de tout l'édifice. Dame patronnesse du cinéma art et essai parisien, elle se paye tous les ans un festival à un million d'euros sur les Champs-Élysées comme d'autres craquent sur un canapé convertible. Lui demander une augmentation, c'est comme râler sur le montant de son argent de poche. Vouloir partir, c'est être un enfant ingrat devenu insensible on ne sait comment. Je sais ses réticences, les clauses de confidentialité qu'elle a fait signer aux rares élus dont elle a déjà accepté la demande de départ négocié. J'utilise un chemin rallongé à dessein, tente de lui faire comprendre que je dois partir, qu'il ne peut en être autrement, qu'elle a la chance de pouvoir me mettre le pied à l'étrier, de m'aider à me rapprocher de moi. Elle n'est pas dupe, je le sais aujourd'hui, mais joue poliment au chat et à la souris. Plusieurs rendez-vous tout en circonlocutions pour finalement lui demander cette fameuse rupture conventionnelle au tout début du mois d'octobre 2016.

Autour de moi, les amis s'interrogent : « Que feras-tu si elle dit non ? »

In-en-vi-sa-gea-ble. Ce « non » potentiel ne peut même pas arriver à ma conscience. Je jure que j'essaie, comme un exercice de la pensée, mais n'y arrive pas. Ça se refuse. Je me rends à l'évidence : « Bon, allez, d'abord je lui demande. Ensuite elle me répond. Et après on verra. » Chaque chose en son temps.

Ce jour-là, elle me dit donc calmement : « Très bien. (Sourire) Je comprends. (Sourire) Je dois simplement voir combien ça coûte auprès du service comptable et reviens vers vous. (Sourire) »

Je sors de son bureau le cœur léger. Ça s'est bien passé, j'en suis persuadée. C'était si simple finalement ! Un an que je veux m'en aller et voilà. Elle va se rendre compte que ça ne coûte rien, qu'elle peut faire sa B.A. pour des miettes et me laissera partir. On est mercredi. Le temps de se renseigner, de voir : allez, elle me répondra vendredi.

Au plus tard.

Quarante-huit heures à tenir. Ça va le faire. C'est pas si long. Quarante-huit heures qui passent sans difficulté. Je suis excitée comme si j'attendais Noël. Le vendredi arrive. Je vérifie mes mails toutes les heures. Puis il est 20 heures et il n'y a rien. Pas de mail, pas de message sur le répondeur, rien. Bon, ben ce sera lundi alors.

Lundi rien.

Mardi rien.

« Alors ? » demandent les amis autour de moi.

Alors, rien.

Une semaine, rien.

Enfin rien. Si. Elle me fait refaire une affiche au dernier moment, change le titre au dernier moment, m'envoie des mails de boulot sans bonjour ni merde, comme si de rien n'était. Comme si mon avenir n'était pas entre ses mains. Comme si je lui avais juste demandé l'heure et qu'elle avait oublié de répondre.

Deux semaines, rien.

« Alors ? » demandent les amis autour de moi.

Alors je lui envoie un mail qui demande ce qu'il en est : est-ce qu'elle se rappelle que je lui ai posé une question ? Est-ce qu'elle a décidé ? Est-ce qu'elle a bien calculé ? Bien cordialement, tout ça.

Rien.

Une nuit du week-end suivant je suis tout à coup réveillée par des douleurs inconnues, terribles. De celles qui coupent le souffle, qui forcent à se tordre dans tous les sens en marmonnant « c'est pas possible d'avoir aussi mal. Pas possible du tout. » Des douleurs musculaires qui m'arrachent des cris et se déplacent dans le corps. Le cou, les bras, la nuque, la mâchoire, de nouveau le cou. Pendant des heures. J'ai peur puis me ressaisis, arrive à réfléchir malgré tout. Si ça se déplace, ça veut dire que c'est psychologique, non ? Et là, ça me pète à la gueule : c'est donc ça, une crise d'angoisse ? Mais oui, bien sûr, c'est ça. Le savoir, le comprendre, ne change rien à l'affaire. Ma mâchoire se serre toute seule, j'ai l'impression que mes muscles pourraient se déchirer de trop se contracter. La douleur poursuit son œuvre toute la nuit puis se retire finalement avec l'obscurité, me laissant concassée au petit matin.

Je suis sous le choc : je vais donc si mal ? Mon corps hurle et ma patronne me laisse patauger dedans. Je retourne pourtant au travail, souris aux spectateurs, compte la caisse. Fais mon boulot bien comme il faut. Ça fait bientôt trois semaines que j'attends. « Alors ? » demandent les amis autour de moi. Alors, rien.

Et puis un mardi matin, dans ma boîte mail, sa réponse : « Il s'avère que pour le moment, la situation étant plus que tendue, je ne suis pas en mesure d'accepter une rupture de contrat qui occasionnerait un coût non négligeable pour notre société. Je regrette cette réponse négative et comprends que ce soit compliqué pour vous si démission il y a. À ce soir si vous êtes là. »

Oui, parce que ce soir-là, c'est soirée courts-métrages au cinéma. Elle y sera. Elle est toujours là aux soirées courts-métrages. Et si je travaille, elle risque de m'y croiser. Dans ce cas, ça la foutrait peut-être un peu mal de ne m'avoir toujours pas répondu. Elle a donc pris son courage à deux mains pour me répondre. Par mail. Après trois semaines de silence. Fort heureusement, je ne travaille pas ce jour-là. Sa fortune personnelle dépasse les 100 millions d'euros, mon départ lui coûterait 3 000 €, mais c'est trop. Je m'effondre dans mon pyjama et mon canapé. Pourtant, retour au travail deux jours plus tard. Mais je n'y arrive pas. À chaque place de cinéma vendue, elle me piétine. Je travaille et c'est elle qui gagne. Elle m'a coupé les ailes.

« Va chez le médecin », disent les amis autour de moi.

Ah bon, vous êtes sûrs ? Oui. Et merci à eux. La reconnaissance de mon mal par le corps médical pose un pansement doux sur la douleur. J'ai le droit d'avoir mal. C'est même normal, vu ma situation. Ma médecin lâche : « C'est terrible à dire mais je ne suis pas étonnée. Vous n'imaginez pas le nombre de personnes malades du travail que je reçois en consultation. Pour moi, le mal du siècle, c'est la douleur au travail. »

Arrêt maladie de sept jours, anxiolytiques. Je la revois le dernier jour de mon arrêt avant de reprendre. Je suis paniquée : « Je ne peux pas reprendre demain, c'est trop dur. S'il vous plaît, donnez-moi quelques jours supplémentaires pour me faire à l'idée. »

Trois jours de plus.

Je ne me reconnais plus. Cette personne qui accueille le retour au travail comme un cataclysme, c'est bien moi ? La veille de la reprise, je fais part de mon désarroi à une amie qui pour la première fois entrouvre cette porte qui ne se refermera jamais plus : « N'y va pas demain. Qu'est-ce qui t'y oblige ? »

Mais non, c'est impensable pour moi.

« Bon ben, d'accord, tu y vas mais alors tu ne travailles pas. »

Non, non, vraiment, c'est impensable pour moi.

Mais tout de même, la porte est entrouverte.

Le lendemain, mon corps va au turbin sans ma tête. Il accepte de vendre des tickets de cinéma mais c'est tout. Le directeur me tend une feuille pour que je fasse les comptes, ma fonction d'assistante de direction, celle qui justifie mes 300 € mensuels supplémentaires. Le papier pend au bout de son bras sans que je le prenne.

« Je ne peux pas, je n'y arrive pas. Je suis désolée. »

Assise, mon corps refuse de bouger. Il s'assoit également, éberlué : « Manon, de deux choses l'une, soit tu es là et tu travailles, soit tu ne peux pas travailler et tu es chez toi, en arrêt maladie. Tu ne peux pas à la fois être là et ne pas travailler.

— Ben si, la preuve. »

C'est sorti tout seul.

Il n'en revient pas et ajoute : « Non mais Manon, tu as vu dans quel état tu te mets ?

— Dans quel état elle me met ! (j'éclate en sanglots) Dans quel état ELLE me met. Retiens bien ça : c'est elle qui me fait ça, pas moi. Il faut que tu comprennes. Si je prends cette feuille, elle a gagné. »

Nouvel arrêt maladie. Avec la demande express de ma médecin de chercher activement une solution pendant ces deux semaines, une issue à la crise. Elle ne reconduira pas cet arrêt de travail indéfiniment. Je prends des antidépresseurs pour la première fois de ma vie, flotte dans un entre-deux douloureux.

J'appelle un ami d'ami, avocat spécialisé dans le droit du travail : « Bon, déjà, tu es en arrêt maladie, c'est un début. Il faut prolonger cet arrêt maladie. Le prolonger jusqu'à te faire déclarer inapte au travail.

— Ça, je crois que je ne pourrai jamais. Feindre la dépression ? Je me connais, je vais finir par y croire, je vais devenir réellement dépressive. Et puis ma médecin refusera de jouer à ce jeu-là. Et l'abandon de poste, c'est pas possible ?

— Vu tes rapports avec ton employeur, je ne te le conseille pas, c'est beaucoup trop risqué. Elle peut tout à fait décider d'arrêter de te payer parce que tu es absente sans te licencier pour autant. Tu toucheras chaque mois un salaire de 0 €, tu recevras des fiches de paie à montant nul mais tu seras toujours officiellement salariée de l'entreprise et tu ne pourras donc pas t'inscrire comme demandeuse d'emploi. Tu seras prisonnière. »

Rendez-vous avec le délégué Sud Culture de l'entreprise. Il entend ma douleur, la reconnaît, me file des papiers sur le burn-out, me dit qu'il va écrire un courrier à la direction. Comme avec ma médecin, la reconnaissance qu'il a de mon mal-être m'apaise temporairement. Il écrit ce courrier. Un courrier parfait, juste, précis. Ma patronne me fait même l'honneur et le plaisir de m'envoyer une copie de sa réponse. C'est le début de la valse des courriers recommandés avec accusé de réception.

Extraits choisis de ce premier chef-d'œuvre :

« Nous faisons suite à votre courrier daté du 24 novembre 2016 dans lequel vous nous faites part de "la situation de détresse psychologique" dans laquelle se trouverait selon vous votre collègue Manon Delatre, assistante de direction du cinéma Xxxxxxxx qui, selon les termes de votre courrier toujours, serait imputable à notre décision de lui refuser une rupture conventionnelle.

Sachez que nous ne partageons pas votre point de vue, et ne pouvons que déplorer un tel jugement de valeur, sans fondement, eu égard aux efforts réguliers faits par l'entreprise au profit de cette salariée tout au long de ses années de collaboration. [...]

Madame Delatre a [...] eu une progression régulière et une considération pleine et entière de la direction, malgré certaines positions de sa part, par exemple le soutien d'un ancien salarié qui nous attaquait aux prud'hommes ou encore l'initiative de création d'une section syndicale à l'approche d'élections professionnelles, points dont nous ne lui avons jamais tenu rigueur. [...]

Nous souhaitons pour notre part poursuivre notre relation de travail avec Mademoiselle Delatre, en qui nous avons investi et dont les qualités nous ont toujours paru prometteuses. Nous trouvons donc assez mal placé de sa part de se mettre délibérément en arrêt de travail, en tentant de nous imputer un éventuel mal-être qui nous semble sans aucun lien avec son emploi dans notre entreprise, ce quelques jours après que nous lui ayons refusé sa rupture conventionnelle. [...]
Nous invitons la salariée à un peu plus de loyauté à l'égard de son employeur, qui lui a permis durant ces nombreuses années de progresser à tous les niveaux et dans le profond respect de sa personne. »

Amen.
Pas la peine de tenter de demander un licenciement à l'amiable, donc. La porte est close, définitivement. Elle a investi. Elle attend tout à fait logiquement un retour sur investissement.

Me lever le matin relève du prodige, parler devient difficile. Je ne suis plus qu'un esprit paniqué, déconnecté d'un corps qui lui échappe. Sonnée par la situation et les cachetons, je prends tout de même rendez-vous avec la médecine du travail. J'y murmure, la voix faible et rocailleuse : « J'ai perdu espoir. Je me sens prisonnière de mon travail...
— Mais enfin madame, tout le monde se sent prisonnier de son travail ! (véridique) Non, vraiment, le mieux c'est de continuer le traitement. Vous vous êtes regardée ? Vous ne pouvez décemment pas chercher un autre emploi dans cet état-là. Personne ne voudra de vous, c'est évident.
— Mais c'est le fait d'être prisonnière de mon emploi qui me met dans cet état, justement...

— Il faudrait peut-être penser à revoir votre rapport à la contrainte, mademoiselle. Non, non, je maintiens, continuez le traitement, redynamisez-vous, peaufinez votre projet professionnel. Et dans un ou deux ans, quand vous irez mieux et que votre projet sera plus clair, vos futurs clients déjà démarchés, démissionnez. Il est trop tôt, vous n'êtes pas prête, vous le voyez bien. »

Je me souviens du trajet du retour en bus comme si c'était hier. Les beaux quartiers qui défilent à travers la vitre et les larmes, jusqu'à cette banlieue rouge qui n'arrive plus à me réconforter. Le mur est là, devant moi. Pas d'autre choix que de démissionner.

Et pourtant ; démissionner ça n'est pas seulement perdre ces précieux droits au chômage qu'un licenciement, même pour faute, ou une rupture conventionnelle auraient maintenus. Non, ce qui m'obsède c'est que si jamais je me résous à démissionner, je me connais, je mettrai des mois, des années à m'en remettre. Des années à oublier que c'est elle, avec sa fortune, qui a gagné, qui m'a écrasée en détournant le regard. Pour me faire payer le fait d'avoir pensé les choses autrement, d'avoir voulu faire vivre le syndicalisme, d'avoir désiré hors de l'entreprise.

Au fond de ce désespoir, j'écris un mail à cet ami d'ami avocat.

On ne dira jamais assez qu'il faut être accompagné dans ces moments-là. Bien accompagné. Accompagné par des gens qui savent de quoi il retourne. Ce qu'on peut. Ce qu'on ne doit surtout pas. Ce qu'on risque.

J'écris donc : « J'ai bien compris qu'un abandon de poste sans négociation était risqué car ma patronne pouvait décider de ne plus me payer sans me licencier pour autant. Mais, que se passe-t-il par contre si je suis présente sur mon lieu de travail, que je fais mes heures et que je refuse d'assurer la plupart de mes missions ?

— Si tu es présente à ton poste, ton employeur ne peut pas ne pas te payer. Elle sera donc obligée de te sanctionner par une mesure pouvant aller jusqu'au licenciement. [...] La solution d'aller travailler en faisant mal ton travail ou en refusant certaines tâches finira bien par la pousser à te licencier. Essaie d'être créative et de trouver une façon de le vivre de manière ludique (une journée peut facilement être occupée à renverser par mégarde une tasse de café et à réparer les dégâts causés...) ou avec le sourire (se tromper, refaire, se tromper, refaire... mais avec le sourire). Pour résumer, je pense qu'ils finiront par céder et je te conseille d'essayer entre temps de vivre la situation le moins mal possible...

— Dans les exemples d'actions que tu me donnes, je suis toujours censée faire preuve de "bonne volonté" dans mon travail : rater, tenter de réparer, re-rater, etc. Dois-je en conclure que l'option de simplement refuser ouvertement de travailler n'est pas judicieuse ?

— Tu peux également faire preuve de mauvaise volonté et de refus d'exécution, mais humainement, c'est plus difficile à vivre... »

C'est pourtant cette option-là que j'ai choisie. Je me connais, je suis une mauvaise comédienne qui se fait mal à faire semblant.

J'ai donc préféré ne pas.

À ce moment-là, on est début décembre 2016.

Ma décision est prise et je vais tout à coup étrangement mieux. La porte s'est ouverte. J'arrête les médicaments, choisis une date de début des hostilités (pas tout de suite, pour avoir le temps de m'y préparer psychologiquement). Je préviens mes collègues, qui me soutiennent tous, qu'à partir du 1er janvier 2017 je serai là mais ne travaillerai plus du tout. Il ne faudra pas compter sur moi, merci à eux.

Tous ? Non. Le directeur me fait comprendre que j'ai franchi une ligne au-delà de laquelle il ne me suivra plus. Ce cinéma, c'est son bébé. S'y attaquer, c'est s'attaquer à lui. Personnellement. Malgré cette rupture, savoir que c'est moi qui décide quand ça se termine me libère d'un poids immense. Je relève littéralement la tête, trouve insensé d'avoir eu besoin de ces trois mois pour en arriver là. Si j'avais su. La fin décembre se déroule dans l'attente fébrile, l'excitation presque. Dans deux semaines j'arrête de travailler. Joyeux Noël.

2 janvier 2017.

J'ai eu bien du mal à fermer l'œil la nuit dernière. Parce que c'est aujourd'hui que je commence à arrêter. Sur le chemin du non-travail, ma mâchoire se serre, mes yeux ne voient pas le monde qui m'entoure, ils sont tournés vers ce brouhaha intérieur électrique qui m'empêche d'aligner deux pensées cohérentes d'affilée. Je m'en tiens donc au minimum vital : ne pas travailler. Ne pas travailler. Rien. Refuser tout.

« Bonjour Manon ! Bonne année ! » Le directeur du cinéma fait comme si de rien n'était. Rien n'y est encore, il a raison. C'est l'instant d'avant.

Début janvier, en temps normal, ça turbine quand on est assistante de direction comme moi. Comptes de l'année précédente, inventaire, et tout le toutim. Pas de toutim pour cette fois. Raide comme un piquet, les mots sortent de ma bouche difficilement : « Je ne vais pas travailler. Ni aujourd'hui. Ni demain. Ni les autres jours. Jusqu'à la fin. » Le directeur, celui qui était encore mon ami il y a dix minutes, semble sincèrement étonné. Il dit « Bon » et c'est tout. Je me dis que jusqu'au bout il a peut-être pensé que je changerais d'avis. Il n'a pas vu que je n'avais pas le choix.

Je m'assois sur les marches qui mènent à la belle salle Panorama. Le directeur se met tout de suite au travail, s'installe à la caisse, vend les tickets, fait tourner la boutique sans m'adresser un regard. Quand ils passent devant moi, les habitués du lieu me tendent leur ticket en souriant : « Bonjour ! »

Je ne me lève pas, garde les bras croisés : « Bonjour. Je suis désolée, je ne travaille pas aujourd'hui. »

La position est trop difficile à tenir, je me réfugie en cabine de projection. Mais bordel, qu'est-ce que je fous là ?! Rien, et c'est ça qui est insupportable.

Le directeur débarque dans un courant d'air pour lancer le film depuis la cabine. Le croiser dans cet espace sombre, minuscule, où j'ai travaillé avec cœur pendant six années est inimaginable. Je rétrécis intérieurement à mesure que je sens sa colère monter. Là aussi c'est trop difficile à tenir : armée en déroute, je me réfugie au fond de la salle obscure avec les spectateurs.

Le film qui passe, c'est *Paterson* de Jim Jarmusch. Je crois que je m'en souviendrai toute ma vie. Ce film pansement, ce film douillet qui accompagnera jusqu'au bout mon départ douloureux. Ce film est un refuge. Le seul possible dans cet espace confiné. Le refuge de l'imaginaire : dans l'obscurité de la salle, face à ces images amies, je peux me raconter que je ne suis pas vraiment là.

Non, je ne suis pas au fond de cette salle de cinéma dont je connais les moindres recoins, dont la moquette fatiguée a accueilli tant de mouchoirs en papier chargés de morve ensuite ramassés par moi. Mon cœur se serre : non, c'est impossible, je ne suis pas vraiment là. Je ne sais plus ce que je fais, je lutte contre mes bras, mes jambes qui se plient automatiquement à la fin de la séance et m'ordonnent une nouvelle fois de me baisser pour ramasser ces satanés mouchoirs dégueulasses. C'est dans mon contrat. C'est écrit. Je suis payée pour ça. Je ne pensais pas que ce serait si difficile. Que ne rien faire me coûterait autant ! Je sors de la salle à la fin du film. Le directeur me dit froidement : « J'ai fait remonter l'information. Les sanctions ne devraient pas tarder à redescendre. » Je n'ai plus aucun souvenir du reste de la journée. Comment j'ai tenu, comment j'ai regardé les autres, le directeur et mes collègues, faire mon travail à ma place pendant que je luttais pour garder mon immobilité. Je ne sais plus.

Les jours suivants sont plus faciles, je crois. Déjà une routine s'installe, pour mes collègues comme pour moi. J'arrive à l'heure, je lis, me glisse auprès de *Paterson* qui me tient chaud et, quand l'heure est venue, je m'en vais. Dès le deuxième jour, le premier avertissement arrive d'en haut, normal.

Convocation pour un entretien préalable à une sanction disciplinaire le vendredi suivant. En gros, il est écrit « C'est pas bien, ressaisissez-vous. » La marche arrière est encore possible. Mais je ne me ressaisirai pas. Et je n'irai pas non plus à cet entretien. Sans prévenir de mon absence. La sanction arrive : trois jours de mise à pied disciplinaire. Pas de boulot, pas de salaire. Trois jours de week-end que je vis comme un avant-goût de ma libération prochaine.

De retour le lundi, je maintiens mon inactivité. Mes collègues ont plus de travail, forcément. Mais c'est surtout le directeur du cinéma qui bosse comme quatre. Résultat : mon refus est sans douleur pour la direction générale. Le cinéma tourne, les séances commencent à l'heure, les spectateurs ne se rendent compte de rien.

Le directeur fait tampon. Il va tranquillement faire sa semaine de soixante heures pour lisser les vagues que mon refus provoque. Pour ne pas en faire une de quatre-vingts heures, il programme tout de même les projecteurs pour qu'ils se déclenchent tout seuls aux heures des séances le samedi et le dimanche suivants. Les joies du numérique.

Le samedi donc. Grosse journée, il y a du monde. Je suis seule avec Julien, un agent d'accueil jeune, adorable, et qui soutient, comme tous mes collègues, mon combat. Il court dans tous les sens. Deux cents spectateurs à faire rentrer dans les salles à lui tout seul. Leur vendre des glaces, répondre à leurs questions. Toujours les mêmes questions. Je regarde ça depuis les coulisses, la boule au ventre, tétanisée, figée dans « ma » lutte. Je ne dois pas travailler. Impossible. Sinon j'ai perdu.

L'heure de la séance arrive. Tu parles, les projecteurs automatisés ne sont pas automatisés du tout ! Ça marche que dalle le truc du directeur pour profiter de son week-end : la séance ne démarre pas. Je regarde cet écran d'ordinateur sans âme qui s'obstine à ne pas bouger. Je la sens bien, là, la conséquence de ma décision. Si je ne fais rien, pas de film et Julien devra annoncer l'annulation de la séance à deux cents personnes, les rembourser, essuyer leur mauvaise humeur, leurs réclamations, leurs « Je ne reviendrai plus » hautains et agacés. Pour l'avoir déjà fait, c'est pour le moins désagréable.

Je ne peux pas. Je ne peux pas lui faire ça. Et encore moins en être spectatrice. Le regarder nettoyer la merde que j'aurai foutue. Je craque et lance les séances, alors que ça faisait une semaine que je tenais bon. Ce qui est dingue, c'est que c'est donc en faisant « mon travail » que je me sens en faute. J'ai l'impression que des mois de lutte s'effondrent dans ce geste anodin.

Je dis à Julien qu'il ne doit surtout pas faire remonter l'info et termine la journée comme ça, à lancer les séances à l'heure. Et à me sentir piégée, les doigts pris dans le projecteur. Hors de question de me coltiner à nouveau la chose le lendemain.

Dans la panique, échange express de mails avec l'ami d'ami avocat qui, heureusement pour moi, est incroyablement réactif : « Est-ce imaginable que je fasse des absences injustifiées de façon ponctuelle ? Par exemple demain soir, dimanche ?

— Mais oui, viens quand tu veux, pars quand tu le sens. Vis cela comme une parenthèse dans un monde magique où tu peux faire ce que tu veux. Tu pourras le raconter plus tard ! » Et, plein d'humour, il ajoute dans un deuxième message : « Pour tout dire, je t'envie (presque). »

Par sa connaissance des rouages juridiques, il vient de faire voler en éclats le dernier verrou qui maintenait l'emprise de ce boulot sur ma vie.

Je ne viens pas le lendemain. Je ne préviens pas. J'éteins mon téléphone. Mes muscles se contractent à mesure qu'approche l'heure à laquelle je suis censée me présenter à mon poste. L'heure passe. Puis les suivantes. Je ne suis pas là où je devrais être. Vers une heure du matin, je rallume mon téléphone. Des appels en absence de mes collègues, un message du directeur du cinéma : « Manon, je suis au cinéma. Tu devrais être là mais tu n'y es pas. Où es-tu ? »

Le lendemain, j'arrive comme une fleur. Le directeur dévisse les syllabes les unes des autres d'une voix métallique : « Ah tiens, t'es là ? Je ne pensais pas te voir. »

Ce sera une de ses dernières phrases pour moi. Lui qui, il y a encore deux semaines, était un ami, de ceux avec qui on pique-nique et écoute de la musique, de ceux qui vous aident à déménager ; cet ami-là ne me regarde plus dans les yeux et ne m'adresse plus la parole. Dans les 2 m^2 du bureau, c'est difficile à supporter. Je suis transparente, il m'a fait disparaître de sa réalité. Je tiens bon. Je sais que c'est bientôt fini. Dans la salle obscure, *Paterson* et Jim Jarmusch continuent de me réchauffer le ventre. Je vais et je viens d'une séance à l'autre. Toujours le même film, comme un cocon. Je suis là et pas là en même temps. Je connais certains dialogues par cœur. Ils me font du bien quand ils arrivent sans surprise toujours au même moment du film. « Parfois, une page vide présente plus de possibilités. »

Le lendemain, courrier recommandé remis en main propre et en silence par le directeur : entretien préalable à un licenciement. Renseignement pris, je néglige l'invitation. Et éteins mon téléphone le jour et l'heure dits. On prend facilement certaines habitudes.

Vendredi 27 janvier 2017.

Ça fait maintenant plus de trois semaines que j'ai arrêté de travailler. Ce jour-là, je suis prévue au planning à partir de 13 heures mais suis réveillée à 9 heures par la sonnette de mon appartement. Un jeune homme me tend ce qui est le dernier des courriers recommandés que je recevrai. En pyjama sur le pas de la porte d'entrée restée grande ouverte, je déchire l'enveloppe. Mon licenciement est prononcé. Mes jambes flageolent. J'ai perdu et j'ai gagné en même temps.

J'appelle le cinéma : « Je suis licenciée. Je ne viendrai pas travailler aujourd'hui.

— Je sais. Je t'aurais remis le courrier avec la nouvelle si jamais tu étais venue.

— Je viendrai quand même. Je dois te rendre les clés. »

J'appelle mes plus proches amis. Un pot improvisé s'organise pour le soir même dans un café du 18e. Je me laisse porter par leur énergie. Je réalise par leur empressement à se rendre disponibles qu'ils ont tout à fait compris l'importance de la chose.

Direction le cinoche pour rendre les clés. Ces miroirs, ces escaliers recouverts de velours rouge, je ne les vois plus vraiment. Pendant que le directeur fume une cigarette dehors, je blague avec une collègue qui se réjouit pour moi. Je suis terriblement fébrile. Le sac sur l'épaule, je sors et dépose les clés de la boutique dans la main du directeur : « Bon ben, voilà, ça y est, c'est fini. L'histoire est sans doute un peu trop chargée entre nous pour échanger tout de suite mais j'espère que plus tard...

— Il n'y aura pas de plus tard, Manon. Tu n'as pensé qu'à toi dans cette histoire. Je ne veux plus jamais te revoir.

— Ah, OK... Au revoir, alors. »

Je tourne les talons et attends d'être hors de vue pour éclater en sanglots. C'est derrière moi. Ce soir, je vais sourire et boire des coups avec mes amis.

Aujourd'hui, cela fait plus d'un an que ce dernier échange a eu lieu. Il n'y en a pas eu d'autres. Le directeur a tenu parole. Plus d'un an que je me remercie d'avoir tenu bon. Malgré tout. Malgré les larmes et les médicaments.

Merci à ceux qui comprennent, à ceux qui soutiennent, à ceux qui savent et partagent leur savoir. Sans eux, je n'aurais pas pu.

Quelques jours après ce mémorable vendredi, l'ami d'ami avocat recevait un colis avec de beaux chocolats et toute ma gratitude à l'intérieur : « Merci. »

Saint-Ouen,
le 28 juin 2018

Camera obscura

Avant ça, le travail, c'était les jobs d'été. Ceux où on ramasse du raisin, ceux où on nettoie des lavabos et des cuvettes de toilettes, ceux où on épluche des pommes de terre et lave des champignons. Ceux qui sont le quotidien de plein de gens mais que je savais temporaires pour moi. On en bave un peu pendant un ou deux mois, on dort dans une tente ou une caravane, on se serre les coudes. Pour faire des boulots pas déshonorants du tout, bien plus utiles à la société que ce que j'ai fait par la suite, mais qui n'étaient pas le travail que j'avais en tête quand il s'agissait de répondre à la question « Qu'est-ce que tu veux faire quand tu seras grande ? ». Je me souviens d'ailleurs très bien que quand je nettoyais des sanitaires à la chaîne, le nez dans la merde des autres, si un commanditaire me parlait mal, j'entamais un monologue intérieur qu'on pourrait aisément résumer par « C'est ça, c'est ça, profite mec, parce que tu feras moins le malin quand mon nom s'étalera en lettres d'or sur les écrans de tous les cinémas de France. » Je nourrissais mon orgueil comme ça. Tu m'écrases aujourd'hui, je t'écraserai demain.

Mon père a fait des tas de boulots différents dans sa vie. Marin pêcheur, bûcheron, mécanicien moto, bidouilleur d'électronique, raccordeur de câbles téléphoniques... Ça fait partie de ma mythologie. Le travail est une activité parmi tant d'autres. Elle s'insère dans le cours de la vie de la plus naturelle des manières et, quand un boulot ne convient pas ou plus, on en change. Ça semblait si facile. Et puis, vers la fin des années 80, il a commencé à travailler dans LE cinéma. Entré par la petite porte en bleu de travail avec un balai à la main, il est finalement devenu serrurier pour la fabrication des décors, concevant également d'ingénieuses machineries utilisées pour les effets spéciaux ou les mouvements de caméra. Ce qui était auparavant irréel ne l'était tout à coup plus du tout. Il partait pour plusieurs semaines à Paris ou à l'étranger, revenait la bouche pleine d'anecdotes enivrantes qu'il déposait dans mes oreilles émerveillées. C'était à chaque fois nouveau, l'ennui n'existait pas. Il avait le trac avant de partir, ça se voyait. L'esprit déjà ailleurs et le regard horizontal, il me disait au revoir vers cinq heures du matin d'un baiser sur mon front endormi avant de disparaître dans la nuit. J'entendais le moteur de sa voiture s'évanouir dans le noir et filer vers Paris. Puis il revenait, après des jours qui semblaient infinis, le visage gris d'avoir trop travaillé et trop fumé, mais heureux et épanoui. C'est à ce moment-là que j'ai fait le lien entre ce qu'il me racontait et les films que je voyais à la télé. Un film, ça se fabrique. Il y a des gens derrière tout ça et c'est leur métier.

Plus tard, moi aussi je fabriquerai des films.

Le cinéma émerge du noir, il a le goût magique des secrets bien gardés qu'on se transmet en chuchotant pour ne pas effaroucher les esprits de la nuit. Quand il revenait de ses mers lointaines, mon père m'initiait au développement photographique noir et blanc dans l'évier de la cuisine. J'ai donc fait tôt le lien entre le trajet de la lumière, la chimie empirique, et les fantômes qui remontent progressivement à la surface d'un bain de révélateur. Le passage de l'invisible au visible au cœur de l'obscurité féconde. Notre maison rouge posée en haut de sa verte colline laissant passer la lumière par tous les interstices, il fallait attendre la nuit pour procéder à nos savants mélanges et incantations. Habituer nos yeux défaillants à la pénombre de l'éclairage inactinique, choisir le papier, en caresser le grain comme celui d'une peau, évaluer le contraste, égrener le temps de pose dans un murmure, comme une formule magique comprise de nous seuls, « un, deux, trois, quatre, cinq, six... ». Les mots qu'on se glisse à l'oreille, le silence, la concentration. Je crois que j'ai immédiatement adoré devoir éteindre la lumière pour faire des images. Répéter mentalement les gestes avant, poser le matériel à des endroits stratégiques pour le retrouver facilement une fois devenue aveugle, retenir sa respiration. Et finalement éteindre. Tâtonner dans le noir, saisir la paire de ciseaux, toucher la pellicule, savoir que des visages, des corps, des paysages inscrits là sont prêts à surgir, « images latentes » qu'une maladresse peut effacer à jamais.

Au lycée, je suis interne en ville. Entre l'étude du soir et le retour dans la chambre impersonnelle du foyer, je dévore les films avec gourmandise et l'idée tenace que j'ai une histoire du cinéma à rattraper. Ça se précise pour moi : ce sont des images que je veux faire. Dompter la lumière 24 fois par seconde, modeler son flux, me confronter à sa matérialité, à sa sensualité, bricoler la magie à coup de lumen et d'ions argent. Ce métier a un nom qui bombe le torse et sonne à mes oreilles : chef opérateur. Et bien moi je serai cheffe opératrice. Il y a peu de femmes, j'en ferai partie.

Ma voie est tracée, limpide. J'en adopte les contours. Lycée cinéma, puis BTS audiovisuel. Le cinéma s'apprend désormais à l'école en acceptant les règles du jeu. En BTS, j'ai 19 ans et, grâce à mon père toujours, je fais un stage d'un mois sur le tournage d'un long-métrage. Je suis la vernie de la promo. Je débarque de ma campagne pour quatre semaines aux Studios 91, à Saint-Germain-Lès-Arpajon, au sud de Paris : la session en studio d'un film d'aventure dont l'essentiel du tournage s'est déroulé les pieds dans l'eau au beau milieu du Pacifique, durant les deux mois précédents. Ça y est, c'est mon tour, c'est maintenant que ça se passe, hourra ! Avec pour tout décor un atoll en polystyrène et pour horizon des fonds uniformément verts.

La première question qu'on me pose quand j'arrive c'est : « T'es la fille de qui ? » Les gens sont grands, beaux, bronzés, affairés, beaucoup reviennent des antipodes ornés d'un tatouage tout ce qu'il y a de plus authentique. Fatigués, mais heureux et épanouis. Un stagiaire image a déjà assuré toute la partie polynésienne du truc. Il s'appelle Alban et ça s'est tellement bien passé là-bas qu'il est venu à Paris, chaleureusement invité par le reste de l'équipe au dernier moment. Le réalisateur a une manière bien à lui de me faire immédiatement comprendre que je n'existerai pas à ses yeux : il m'appelle Albane.

Stagiaire image sur un tournage, en tout cas à l'été 2000, ça s'appelle « stagiaire combo ». On s'assure que le réalisateur, la scripte, ou toute autre personne qui en aurait besoin ait accès à un retour vidéo de ce qui est filmé en 35 mm par la caméra. Dès qu'on a une idée plus ou moins précise du prochain plan à être tourné, on déroule des câbles, on pose des cubes en bois. On installe un petit salon temporaire avec écran cathodique, proche de la scène mais qui ne risque pas de s'inviter dans le champ de la caméra et ne dérangera pas les acteurs non plus. C'est théoriquement pas très compliqué et vendu comme étant un super poste d'observation de l'équipe image. Les câbles BNC qui transmettent le signal vidéo entre la caméra et le combo deviennent très vite mes ennemis jurés. Paraîtrait qu'ils ont pourtant été inventés par des gens de la NASA. C'est dingue d'avoir su envoyer des hommes sautiller sur la lune et d'avoir pondu un truc aussi important sur un tournage qui soit aussi fragile. Il faut sans cesse les réparer. Alban assure. Il est rapide, efficace, fort des deux mois précédents à gérer la même tâche tout en étant cerné par une nature autrement plus imprévisible que le décor inerte qui nous entoure aujourd'hui. Il est adorable mais j'aimerais qu'il n'existe pas. Je suis triste, une boule lourde et acide a élu domicile dans mon ventre, je dérange tout le monde, je ne sers à rien. Je rêve de ce métier depuis si longtemps et notre premier rendez-vous est un rendez-vous manqué. Je ne comprends pas. Je devrais pourtant nager dans le bonheur. Je me surprends le soir à rêver que je retourne éplucher des pommes de terre en cuisine.

Je crois bien que tout ce qui se développera par la suite en moi d'inadéquation à ce milieu est déjà présent à l'état embryonnaire dans cette première expérience. Mais à ce moment-là, je ne peux bien sûr pas accepter l'idée que travailler sur un tournage sera pour moi toujours douloureux. Qu'il me faudrait partir en courant ! Ils ont tous l'air tellement contents. C'est la faute à pas de chance, c'est certain. À cet idiot d'Alban, à ma timidité, au fait que je sois une fifille à son papa sans savoir-faire. Ça viendra avec le temps.

Je continue donc mon chemin d'élève appliquée. Concours, grande école de cinéma parisienne. La préparation du concours pendant un an est une joie que je voudrais sans fin. Je dévore les films, encore et encore et encore, avec Bogart et Bacall pour compagnons de route. Sur écran, tout est toujours si facile. On se bat, on meurt, on ressuscite. Ellipse, plan de coupe, droit au but. Tout me parle, me fait vibrer ; j'emmagasine, j'avale, je réfléchis. J'apprends par cœur le nom des grands chefs opérateurs et trouve la femme parmi eux, celle à laquelle je veux ressembler. Elle s'appelle Agnès Godard et a dompté le sable, le soleil et la nuit pour le plus vibrant des films, *Beau travail*, réalisé par une femme encore, Claire Denis. Ce milieu m'appelle, j'y aurai ma place, c'est certain. Je vis dans un fantasme sur le point de se réaliser et le film que je me fais toute seule dans ma tête est un chef-d'œuvre sans un pli. J'oublie aisément que tourner un film c'est affronter les émotions et les éléments, c'est avoir mal au cœur, c'est avoir mal au dos. Tout ça, c'est du décorum. Face à mes yeux émerveillés, les larmes sont de glycérine, les corps ne sont pas malmenés dans leur chair, ils sont faits de lumière et de précipités chimiques. Une distance immense mais que je suis convaincue d'enjamber sans difficulté s'étale entre le dur labeur de la multitude, le taf alimentaire, le salaire difficilement gagné en pensant au chèque, et la joie et l'énergie qui m'attendent déjà sur les plateaux. Hop hop hop, me voilà.

À l'été 2002, c'est officiel, je fais partie des heureux élus qui étudieront la lumière et la prise de vue dans l'école de mes rêves. À l'annonce des résultats du concours, mes pieds ne touchent plus terre, les questions ont miraculeusement disparu du paysage. Je sais exactement ce que je ferai de mon temps pendant les trois prochaines années, ce qui est somme toute très rassurant. Je suis certaine de devenir celle que je suis depuis toujours et qui était cachée à l'intérieur. Mon stage de BTS n'était qu'un malheureux et aisément oubliable coup dans l'eau ; c'est désormais la terre ferme qui se déroule à perte de vue devant moi. Trois ans d'études, de l'euphorie encore, de grandes amitiés qui se nouent. On rigole, on bosse dur, c'est la salle de répétition avant le grand bain du monde réel. Il faut croire que j'aime bien les pataugeoires. Les exercices pratiques sont un joyeux foutoir où on joue à faire comme si nous n'étions pas encore des adultes, dans les éclats de voix et les blagues.

Pourtant, si j'étais tout à fait honnête, je sentirais déjà au fond de moi que ça ne colle pas. Que l'amertume des semaines où on m'appelait Albane revient gratter doucement à la porte ! Mais je remballe cette émotion bien au fond du sac et regarde vers le ciel. Me persuade que ce n'est pas le milieu du cinéma ou le métier que j'ai choisi le problème. C'est Paris qui m'impressionne, c'est le délai nécessaire à la perte de mes réflexes de provinciale apeurée. Plus tard, tout ira bien, plus tard, je serai heureuse. Plus tard, plus tard, toujours plus tard. Il faut un temps immense pour s'avouer à soi-même qu'on s'est trompé, qu'on n'a pas choisi la bonne voie, surtout quand elle fait rêver tout le monde autour de soi, que les parents sont fiers et qu'on a passé des concours très sélectifs pour y arriver. « Si je suis triste, c'est peut-être bien moi le problème. » Inadaptée. J'ai donc persévéré, tenu tête à mes émotions, tenu tête aux autres, dans la résistance coûte que coûte. Persuadée que tout allait finir par se débloquer au-dedans et au-dehors, par rentrer dans l'ordre. Ça n'était pas encore ça, d'accord, mais ça allait venir. Comme on guette, pleine d'espoir, le prince charmant. Parce que c'est comme ça que les histoires se terminent si on a bien travaillé : ils vécurent heureux et eurent beaucoup d'enfants.

Il y a une chose avec le milieu du cinéma : il a beau être une bulle, une ruche hyperactive et en apparence fermée sur elle-même (la grande colo régressive coupée du monde qu'est une équipe de tournage en extérieur est là pour en témoigner), il modifie également, les moments où on parvient à s'en extraire, le miroir du monde face à soi. On le repère immédiatement, même quand on en est encore à patienter vierge, boutonneux et inexpérimenté, dans l'antichambre des tournages. Ça surprend au début ; et puis on s'habitue très vite. Car déclarer à son auditoire, en soirée ou à la caisse du supermarché, même le plus posément du monde et, croit-on, avec humilité, qu'on travaille dans le cinéma, allume une certaine lumière dans le regard de son interlocuteur. On a beau lutter contre ça, c'est compliqué d'y résister, de ne pas gonfler des plumes et pousser du menton. « Bof, c'est un métier comme un autre, vous savez. » Tu parles.

J'ai lutté contre ça. Et puis je me suis habituée.

C'est une fois retournée au statut de commun des mortels au RMI, que j'ai vu. J'ai vu que cette question en apparence si anodine, « Tu fais quoi dans la vie ? », ne l'était pas, anodine. J'ai vu que cette lumière avait disparu des yeux autour de moi. Que j'avais été portée par elle comme le sel de l'eau de mer nourrit l'illusion de savoir nager. Et puis, pof, soudain, par ma désertion, retour à l'eau douce qui tire le ventre vers le fond noir du lac. Chercher le sel en soi, battre des bras et des jambes pour tenter de flotter. Adulte, enfin.

Mon père a lui aussi été happé par cette lumière. Lui, si heureux et épanoui dans la mer, faisant corps avec elle. Il avait cette lumière dans les yeux quand il me regardait suivre son chemin. Déserter, ça a aussi été accepter de perdre temporairement cette lumière dans ses yeux à lui. Pour en retrouver plus tard une autre beaucoup plus puissante, plus vraie. Plus adulte, enfin.

À la fin des études s'ouvre une période de transition qu'il s'agit de bien négocier. Stages sur des longs-métrages et boulots bénévoles sur des courts se succèdent. C'est à ce moment-là qu'on est supposé se faire du réseau, ajouter des noms à son carnet d'adresse, trouver sa place dans le banc de poissons en sachant que plus tard, et si tout se passe bien dans pas trop longtemps, les missions seront passionnantes et rémunérées. Là déjà, pour moi, ça coince. Bosser si dur et gratuitement me paraît être une arnaque sans nom. Je me pousse aux fesses mais le cœur et le corps n'y sont pas. Je me souviens très bien de ce plan court-métrage qu'on me refile alors comme un cadeau précieux : assistante caméra en 16 mm pendant trois semaines, de nuit, dans le bois de Boulogne, payée 300 €. Je suis censée être positivement épatée que ce ne soit pas totalement bénévole. Au lieu de ça, la calculatrice dans ma tête se met en branle toute seule : 300 € pour trois semaines c'est 100 € la semaine, 20 € la nuit, 2 € de l'heure.

Discussion au téléphone avec l'assistant réalisateur :

« 300 € pour trois semaines de nuit, c'est un peu léger, non ?

— C'est le mieux qu'on puisse faire. On est déjà super contents de pouvoir vous défrayer. ("défrayer", ce mot paravent si utile pour masquer le fait qu'on ne paye pas les gens)

— Ouais... (mon absence totale d'enthousiasme parcourt allègrement la ligne et doit suinter du combiné à l'autre bout).

— Et puis, attends, faut bien commencer.

— Eh ben si c'est comme ça qu'on commence, je préfère ne pas commencer. »

Ça démarre bien.

L'assistant réalisateur se prend un peu les pieds dans le tapis, bafouille. Il a l'air surpris que je refuse aussi nettement. Je le suis d'ailleurs moi aussi. Je me sens par contre immédiatement soulagée. Je réalise à ce moment-là qu'il a plus besoin de moi que je n'ai besoin de lui. S'il ne trouve pas d'assistant caméra pour la semaine suivante, il est dans la merde. De mon côté, ça n'est qu'un retard à l'allumage. Je m'offre le luxe de repousser encore un peu le moment de consentir à des conditions auxquelles je n'ai pas du tout envie de me plier.

Faut dire que j'ai dans les pattes le souvenir encore brûlant de mon expérience sur un court-métrage pendant ma deuxième année en école. Le film de fin d'études d'un étudiant de la promo précédant la mienne. Il veut être réalisateur. Il le sera d'ailleurs plus tard de manière éclatante. L'esthétique de son film lui importe beaucoup, mais comment on la fabrique concrètement, il s'en fout royalement. Je lui avais bien dépatouillé son épreuve pratique de lumière pour l'examen final quelques temps auparavant, j'aime manipuler la cellule et les gélatines, j'ai apprivoisé avec joie les courbes sensitométriques des pellicules, le langage des outils ne m'effraie pas et ça se voit. Bref, il me fait confiance et j'en suis ravie. Nous voilà donc partis dans les Alpes pour tourner un film un peu bizarre et formellement très ambitieux, sous haute influence de Philippe Grandrieux et David Lynch première période. Pas totalement ma tasse de thé mais bon, pourquoi pas, je vais apprendre quantité de choses. Un réalisateur-cadreur, lui, une cheffe opératrice, moi. Un assistant caméra, un ingénieur du son et deux comédiennes. Je n'ai pas encore de calculatrice dans la tête : on est étudiants, on apprend tous ensemble en bossant sur les films les uns des autres, cela va de soi. C'est une chance d'en faire partie.

Cette semaine de tournage reste aujourd'hui comme une traînée noire dans ma mémoire. Une traînée noire où j'ai compté chaque heure, chaque minute. Où il me tardait de retrouver le sommeil de nos trop courtes nuits pour me soustraire à l'ambiance délétère qui me pénétrait partout la peau. Quand on ne paye pas les gens, il n'y a plus de limite. L'amour de l'art (mais qu'est-ce donc ?) et le désir « d'en être » pulvérisent toutes les digues comme une tornade. Nous n'étions tout à coup plus des corps qui ont besoin de manger, dormir, rigoler, mais des machines à fabriquer le grand œuvre de notre apprenti réalisateur. Travaillant 16 heures par jour dans une ambiance de psychodrame, tombant comme des mouches le soir avant de reprendre quelques heures plus tard, après avoir à peine posé la tête sur l'oreiller. J'ai mal au ventre, je suis triste. Et isolée. Car je suis visiblement la seule à ne pas supporter le traitement de choc. Je sens bien que JF serait capable de nous demander de nous jeter dans le vide pour son film si nécessaire, et ne suis pas bien certaine que les autres ne s'exécuteraient pas. Par fatigue physique et nerveuse, on frise l'accident de voiture plusieurs fois. Les réflexes affaiblis, le coup de frein tardif et mal assuré qui nous évite le ravin de seulement vingt centimètres, la comédienne sans permis qui s'amuse, c'est n'importe quoi. Le soir venu, l'alcool est une soupape illusoire qu'on s'administre comme un médicament. Les paysages grandioses des Alpes s'élèvent face à moi comme un mur empêchant tout espoir, bousculant les lois de la gravité terrestre. Je tangue, engluée dans l'imprévisible reflet d'un miroir déformant tout ce qu'il avale. Quand, au bout de deux jours de tournage, je trouve enfin deux minutes à subtiliser au désastre, paniquée, j'appelle mes parents comme on tend la main vers une bouée de sauvetage. Ils sont si loin. Je suis redevenue la petite fille apeurée qui ne comprend pas ce qui lui arrive.

Dès le troisième jour, je me rebelle. Au repas du soir, bricolé dans l'épuisement général, pendant que JF réfléchit le regard vide aux plans suivants en fumant clope sur clope, j'explose. Je ne sais plus comment exactement, mais j'explose. Je tente de dire la dangerosité de ce que l'on traverse, qu'à tirer ainsi sur la corde on met nos vies en danger. Jamais aucun film ne pourra justifier ça, quand bien même ce serait le plus éblouissant des chefs-d'œuvre. Ça me semble limpide et c'est ce que je dis aux autres, persuadée d'être entendue. Je suis, qui plus est, convaincue que nous ne sommes pas du tout en train de tourner un chef-d'œuvre, mais bon passons.

Et pourtant : « Manon enfin, calme-toi, ça vaut le coup, tu le sais. JF est un artiste, un vrai. On a la chance de fabriquer l'histoire du cinéma. » Je suis abasourdie, me tourne vers JF qui ne peut que balbutier : « Je suis fou, moi, je suis fou.

— Qui es-tu donc pour dire avec autant de certitude et de fierté surplombante que tu es "fou" ? Ça veut dire quoi "fou" ? Ça justifie quoi ? J'en ai rien à foutre de risquer ma vie à tourner le chef-d'œuvre d'un fou. »

Et, provocatrice, j'ajoute : « Les chefs-d'œuvre, moi je vais les voir au cinéma, confortablement installée dans mon fauteuil. Je veux m'éclater à tourner des navets dans la joie et la bonne humeur. » Consternation générale. Le divorce est consommé. Que je ne sois pas prête à tout donner leur semble à tous surréaliste. J'ai la bassesse de compter les heures, de vouloir lever les yeux au ciel quelques instants entre le dernier plan de la journée et le coma d'un sommeil utilitaire sans saveur. Je me sens toujours aussi seule mais au moins, j'ai parlé. On ne pourra plus, ni eux, ni moi, faire semblant. L'adjectif « syndicaliste » m'est apposé comme un déshonneur. Je le porte fièrement.

Qu'est-ce qui fait qu'on s'obstine après ça ? Comment démêler, au début de sa vie professionnelle, ce qui dans les émotions qui nous traversent est inhérent au grand monde du travail et ne pourra jamais ou difficilement être évité ? Ce qui relève du petit monde du cinéma ? Ce qui relève des collègues du moment ? Ou bien de soi-même et qu'on trimbalera quoi qu'il arrive, travail ou pas travail, dans sa besace ? Cette « vie » professionnelle, j'y suis venue au monde par le siège : les pieds en avant, le cœur et la tête en dernier.

Donc je m'obstine. Je traîne des pieds mais y vais quand même, élève courageuse et disciplinée. Je dégote un stage précieux et prisé chez Panavision, une des plus grosses entreprises de location de caméras. Je crois me souvenir qu'à cette époque-là, une caméra coûte pas loin de 100 000 euros. Aucun budget de film ne permet un tel achat. Une caméra, ça se loue. Et ça se teste méthodiquement avant de partir en tournage. Les entrepôts de location de matériel, quasi tous installés en proche banlieue nord de Paris, sont des ruches soucieuses où chaque équipe image (premier et deuxième assistants opérateurs éventuellement accompagnés d'un stagiaire) s'installe pour quelques jours dans un box et passe au crible chaque objectif, chaque molette, chaque pas de vis, chaque configuration. Caméra épaule, caméra sur pied, travelling, pare-soleil, steadycam, mousse amortissante, poignée, bouton, boulon, velcro. Tout y passe. Car il faudra être rapide et efficace le moment venu. Je décèle dans les questions inquiètes posées par les assistants caméra aux loueurs de matériel, l'anticipation de leurs journées, de leurs mouvements, de leur stress des prochaines semaines. Se border au maximum, ne rien laisser au hasard, mimer les gestes, imaginer la pluie, le vent, la fatigue, qui ne manqueront pas de se manifester. Que le reste de l'équipe puisse éventuellement patienter 10 minutes parce qu'un câble mal testé a lâché au dernier moment est inenvisageable.

La stagiaire que je suis navigue de box en box, proposant ses services aux marins en partance. « Vous avez besoin d'aide ? »

Le Graal ? Filer un coup de main suffisamment mémorable ici, pour être embarquée pour le grand voyage là-bas. Ce qui arrive rarement et m'arrive pourtant avec une facilité déconcertante. Un homme est là, seul, à se battre avec trois caméras complètes à tester quand d'autres équipes sont à deux ou trois personnes pour une seule caméra. Il s'appelle Maxence, 35 ans environ, et le regard noir de ceux qui savent ce qu'ils veulent et l'obtiennent. Je passe à sa hauteur et risque un timide « tu as besoin d'aide ? » comme je l'ai déjà fait avec les autres.

« Tu sais charger une Aaton 35 ?

— Oui. »

À quoi ça tient finalement un démarrage professionnel ? Pour moi, à une caméra mythique. Créée par Jean-Pierre Beauviala en concertation étroite avec Jean-Luc Godard, l'Aaton 35 a les défauts de ses qualités. Compacte, légère (même si la légèreté en 35 mm est toute relative), parfaite pour les plans tournés à l'épaule, elle n'accepte que des magasins de 122 m de pellicule (ce qui équivaut à 4 minutes d'images enregistrées) contre 305 m pour la plupart des autres (11 minutes). Les magasins ont été pensés pour être rapidement clipsés sur la caméra, un peu comme un chargeur de pistolet. L'énorme avantage : on perd moins de temps entre les prises, par rapport à une caméra traditionnelle qui imposerait au premier assistant caméra un chargement minutieux avec positionnement précis de la griffe d'entraînement du film et de la contre-griffe de stabilisation. Quand un magasin est vide (4 minutes, ça passe vraiment très vite), on l'enlève et on en clipse un autre en quelques secondes. Le tournage peut reprendre, les comédiens sont toujours dans leur énergie, chacun reste concentré, c'est parfait. Les inconvénients sont nombreux mais je comprends tout à fait qu'on les sacrifie aux précieuses qualités.

Parce que sa petitesse a été privilégiée à son insonorisation, l'Aaton 35 fait plus de bruit qu'une caméra standard (« Un chat sur l'épaule », annonce poétiquement la publicité). Mais, surtout, charger les magasins de pellicule à l'avance est une acrobatie que tous les aspirants assistants opérateurs ne maîtrisent pas. Pour gagner en désencombrement, les deux bobines, débitrice et réceptrice, placées l'une devant l'autre sur le même plan à l'intérieur du magasin, sont fixées sur des axes mobiles qui se déplacent latéralement au fur et à mesure qu'une bobine se vide pendant que l'autre grossit. Et, pour permettre ce si rapide changement de magasin entre deux prises, il faut également que la distance de film libre entre les deux bobines, fixée par des galets d'entraînement solidaires l'un de l'autre, soit précise à l'image près. Ce qui implique d'imposer à la pellicule un trajet complexe à l'intérieur même du magasin afin de la faire passer de la bobine débitrice à la bobine réceptrice tout en respectant le nombre exact de perforations nécessaires. Cette contorsion du film s'effectue intégralement à l'abri de la lumière. Les quelques mois précédant ce stage, je me suis beaucoup entraînée sur différents modèles de caméras avec de la pellicule voilée. Et j'ai justement jeté mon dévolu sur l'Aaton 35. Sa complexité fait ma joie. Ne plus hésiter, savourer le geste efficace qui vient tout seul avec le temps, et le clic délicat au moment de clipser le magasin sur le corps de la caméra, validation d'un geste technique parfaitement maîtrisé. J'y reconnais immédiatement le bonheur des doigts qui savent dans le noir.

Femme qui tombe à pic, j'ai désormais une vraie raison de me lever le matin et passe les jours qui suivent ce « oui » innocent à charger et décharger les magasins à la chaîne pour Maxence, faisant des allers-retours incessants entre la chambre noire du hangar et le box de test où il peut, grâce à mon efficacité, tester ses trois caméras en un temps record. Pourquoi trois caméras pour ce tournage ? Et pourquoi des Aaton 35 ? Parce que les gangsters sanguins et agressifs pullulent dans le scénario et que les nombreuses scènes d'action seront filmées dans la nuit parisienne, à l'épaule, avec trois caméras en simultané. L'Aaton 35 est tout indiquée. L'obscurité m'appelle, encore une fois. Car la question inespérée tombe finalement de la bouche de Maxence après deux jours de coups de main : « Ça te dit de bosser avec nous sur le film ? » Il ne sourit pas, sa voix est de bitume mais la proposition est bien là. Un peu que ça me dit ! J'ose à peine le croire. Le Graal scintille entre mes mains sans que je l'aie vu venir.

Tout va très vite. Je suis sur le plateau dès la semaine suivante. Je ne travaille pas tous les jours. Seulement les jours à deux ou trois caméras, ma présence permettant de dégager du temps aux assistants afin qu'ils puissent faire la mise au point sereinement. On n'imagine pas le degré de précision, de concentration et de savoir-faire que suppose le fait d'avoir une image nette à l'écran. C'est la mission principale du premier assistant opérateur. L'autofocus, c'est pour les amateurs ; ici, le point se fait au mètre ruban, rien ne pouvant remplacer l'œil et sa capacité à évaluer la distance entre l'objectif et un acteur flamboyant. Quant à moi, je deviens clapper-loader : je charge et décharge les magasins de pellicule pour alimenter l'appétit vorace des trois caméras, je gère les stocks et les envoie vers le laboratoire de développement. Petit plaisir bonus, je m'occupe également du clap : « 55 sur 2, troisième ! »

Première nuit de tournage pour moi. Pour eux, ça fait quelques jours que le film noir a débuté. On tourne, devant un bar à hôtesses du 8e arrondissement, une scène de règlement de comptes façon fusillade entre truands. Dehors, les masculines détonations sur fond de macadam luisant. Dedans, ce bar vide qui sent le vieux cendrier, avec tout le matériel caméra et les boîtes de pellicule. Mon univers, protégé de l'extérieur par le filtre d'une porte-cyclope capitonnée et d'un molosse posté à l'entrée. Désormais loin de toute chambre noire, j'utilise pour travailler un charging bag : un grand sac noir hermétique à la lumière avec deux manchons pour les bras. J'installe celui-ci et le reste de mes outils sur une petite estrade d'un peu moins d'un mètre de haut, ne comprenant pas immédiatement que ce grand tube vertical en métal fixé en son milieu, et qui me gêne dans mon organisation, est l'axe de pole dance sur lequel une danseuse en string officie acrobatiquement en temps normal. Je fais des allers-retours entre la ligne de front du tournage sur le trottoir, et la base arrière à l'intérieur. Dedans, je charge et décharge la pellicule, dehors j'assiste, prête mes doigts ici, mes yeux là. Cette position me convient parfaitement. J'ai l'impression d'être une infirmière rêveuse, indispensable mais préservée, qui file un coup de main à droite à gauche dans les cris et la fureur, puis disparaît pour reconstituer les forces vitales du groupe en coulisse. Au bout d'une heure ou deux de ce rythme où je comprends progressivement ce qu'on attend de moi, de surnaturelles créatures longilignes et fardées émergent au compte-gouttes du sous-sol de la boîte et s'installent une à une au comptoir du bar face à moi. Je pense d'abord à des actrices pour le film, mais non, pas possible : à bien les observer, elles ne correspondent à aucune des séquences prévues au programme de la nuit.

Elles sont bel et bien réelles, appartiennent au lieu, et je ne les attendais pas du tout, pensant bêtement qu'on avait fermé la boîte exprès pour nous. Perchées sur des talons en plexiglas qui paraissent ridiculement plats tellement leurs jambes à elles sont longues, elles se hissent sur les tabourets vieillissants avec une nonchalance qui transpire la lassitude. Il doit être une heure du matin ; elles se glissent progressivement et à regret dans le turbin comme on entre dans l'eau froide. Elles sont tellement belles et grandes, j'ai l'impression de ne pas appartenir à la même catégorie biologique. Mon format miniature, mon pantalon bardé de poches zippées, mes outils multifonctions dépassant d'un peu partout, je suis un être asexué et multitâche. Elles ne me remarquent d'ailleurs pas du tout, je n'existe pas. Les mains coincées dans la pellicule, le regard solidifié, je les contemple, fascinée. La parole se met alors progressivement en route. Une, puis une autre. Une troisième qui leur répond. Je les écoute se dire comment ça va, bof bof, raconter leurs galères de logement hors de contrat et hors de prix, leurs cœurs d'artichauts malmenés par de pauvres types un peu bandits ; la vie quoi. Tout ça est tellement plus fort que n'importe quelle fiction. Le corps en suspension de peur de rompre le charme, je n'arrive plus à quitter leurs amniotiques confessions.

Au bout d'un moment, la porte finit quand même par s'ouvrir dans un souffle, le tumulte et les explosions faisant irruption dans mon délicieux cocon.

« Putain, Manon, mais qu'est-ce que tu fous ?!!! »

Arrachée à mon oublieuse contemplation, j'accours là où on m'attend. Dehors. Sans rien comprendre de ce qui m'arrive. Ça crie de partout, les chefs de poste sont branchés sur 10 000 volts. Ils jouent à la guerre et ça a quand même l'air super sérieux. L'armurier distribue les armes à feu comme au front, le réalisateur crie plus fort que tous les autres, les immenses projecteurs font scintiller le bitume humide d'une lumière acérée. Je suis saisie d'effroi, tente de rassembler mes idées, de me rendre utile en secondant les opérateurs dans leur travail, mais brasse trop d'air et me perds en gestes inutiles. Montée de stress immédiate et asymptotique.

Quel est donc ce monde de fous auquel j'ai décidé de participer ?

La panique doit me coller un masque caractéristique car, entre deux prises et alors que nous sommes tous deux accroupis sur le trottoir pour que je l'aide à configurer la caméra pour le prochain plan, un des trois assistants caméra prend le temps de me sourire avec tendresse et de me glisser à l'oreille posément : « Keep cool, Manon. No stress. Tu verras, la première fois qu'on se fait virer d'un tournage, ça fait tout drôle. Mais après, on s'habitue. » Ses mouvements sont calmes, comme filmés au ralenti, les éclats de voix fusent au-dessus de nos têtes sans parvenir à nous atteindre. Il s'en fout, il travaille, c'est tout. Son regard et ses mots m'ancrent au sol. Je réalise que quelqu'un d'autre que moi trouve cette équipe et ce réalisateur complètement barjos (en plus de visiblement faire du très mauvais cinéma). Il s'appelle Antoine, je m'en souviens très bien même si je ne le croiserai que deux fois sur toute la durée du tournage, et plus jamais le reste de ma vie. On tourne plan après plan jusqu'au dernier. La nuit s'efface poliment devant le jour qui se lève. Les cris et les explosions cessent. On range le matériel, on classe, on organise, j'ai les oreilles qui sifflent. Je rentre chez moi en titubant. Paris est toujours là mais a un goût différent.

Le tournage se poursuit. Le fait de ne pas travailler tous les jours est idéal. Je donne tout (et donc beaucoup trop), mais seulement de temps en temps, puis regagne une vie qui m'appartient totalement entre deux convulsions. Indispensables respirations. Ce qui fait que je suis ouverte à ce qui se passe de fou quand ça arrive. Scènes de bagarre, scènes de sexe, tout au même niveau sans distinction. La fiction prend le dessus. Grisée par la vitesse des journées, la fièvre virile de cette équipe quasi exclusivement masculine que je pense observer avec la juste distance et dont je suis fière de faire partie, par la pellicule qui file entre mes doigts, par le défi de recharger cette caméra exigeante avec toujours plus de précision et de dextérité. J'ai l'impression de tenir un bout de Nouvelle Vague dans le creux de ma main. Quand les longs plans-séquences s'enchaînent, je suis portée par le regard des assistants caméra dans lequel je lis que j'assure car ne les fais jamais attendre entre deux prises : j'ai toujours deux ou trois magasins d'avance. Le camion caméra est mon domaine. S'y entassent les boîtes d'images latentes, qui ont été ouvertes vierges, exposées par toute une équipe, et ensuite fermées hermétiquement par moi avant d'être bientôt développées en laboratoire. Tout cet argent, ces décors, cette folie, ces acteurs célèbres qui balancent leur tirade et que je pourrais effacer par maladresse, ou - et là ça me file le vertige comme un sentier au bord du vide - par malveillance et préméditation.

Maxence me propose un nouveau film quelques semaines plus tard. Nous ne partageons rien en dehors du boulot. Sa dureté me fragilise, il sait où il va, moi pas. Mais ça y est, je fais partie d'une équipe. Cette chose qui ne dit pas son nom et se constitue de manière informelle sans contrat écrit. Un tournage se passe bien, tu bosses pas trop mal, tu rigoles aux blagues, tu en fais de pas trop mauvaises : on te rappelle. Tu deviens l'assistante de untel, la première de tel chef opérateur, la cadreuse de tel réalisateur. Tu es disponible à tout moment, au cas où. Jamais en vacances. En attente du départ. Là, mais pas vraiment là. Déjà ailleurs.

« Essais caméra lundi. Rendez-vous 9 h chez Panavision.

— OK ! »

Je n'ai jamais pu me faire à cette prise de pouvoir sur ma vie. Aucune place pour le temps long ou la régularité. Tout, absolument tout, doit pouvoir s'interrompre pour le film qui tombe du ciel. Pour l'équipe, pour ton chef op', pour ton premier assistant. Allez hop ! on s'en va. Le boulot s'infiltre partout. Impossible de suivre un cours hebdomadaire de cuisine ou de danse de salon. Certains s'y font très bien mais ça n'est pas mon cas. Les amis qui ne travaillent pas dans le cinéma et vivent un quotidien en apparence plus balisé se trouvent tout à coup relégués sur une autre planète que tu regardes de loin et côtoies en contrebande quand le boulot le permet. Ils apprennent à faire sans toi, à accueillir comme une heureuse surprise le fait que tu sois finalement présente. « Une fête en juin ? Un déménagement en septembre ? Oui, carrément, j'en suis ! Si on ne m'appelle pas pour un tournage d'ici là... »

L'équipe dont tu fais partie devient ton job, ta famille, tes amis, tes amants. Ils ont le même rythme que toi, comprennent comment ça fonctionne. En vase clos. Il y a cette question que l'on pose si innocemment partout ailleurs mais qui, ici, porte en elle tout ce que travailler dans le cinéma veut dire. « Hey, salut, comment tu vas ? », demande-t-on avec l'air de ne pas y toucher. Chez les gens de cinéma, cette formule peut aisément être traduite par : « Est-ce que tu bosses en ce moment ? », mais on ne pose bien sûr jamais directement la question. Les deux réponses possibles sont alors : « Super bien ! Je reviens d'un tournage de treize semaines en Amazonie, c'était dingue ! » ou : « Bof, pas terrible, tu sais. On m'a pas appelé depuis trois mois. »

Le boulot comme baromètre du bonheur. Moi, plus je bossais, moins j'étais heureuse. Quand je ne travaillais pas, le stress de ne plus jamais être rappelée, qui semblait tenailler les autres, m'épargnait étrangement. Je savourais la vie comme elle va, les amis, le temps qui passe, la lumière changeante sur l'immeuble d'en face, le sourire de la voisine quand je la croisais. La régularité et la paix comme espaces de liberté. « Oh moi, ça va super bien, oui !

— Tu bosses en ce moment ?

— Ah non non, pas du tout. Pourquoi ? »

Je rempile pourtant pour un tour de centrifugeuse. Équipe plus restreinte pour un tournage « en extérieur ». Ça ne veut pas dire qu'on tourne dehors mais à plus de cinquante kilomètres de Paris. La conséquence de tout ça c'est que la production est contrainte de loger l'équipe sur place (c'est bien connu, tous les gens de cinéma habitent à Paris) et ça coûte un fric monstre. Seule l'équipe régie, qui s'occupe du versant logistique (transports, nourriture, courses), est composée de « locaux ». Pour compenser les frais engagés et raccourcir la durée du tournage, on travaille six jours sur sept. Ça n'est jamais qu'un jour de boulot supplémentaire par semaine mais le week-end est lui divisé par deux. Direction le Cotentin, donc. Pour le premier film d'un illustre inconnu dont le scénario ne me transporte pas, mais j'ai par contre hâte d'observer le chef opérateur au travail. Il est derrière l'image de plusieurs cinéastes dont j'adore les films, leur axe de rotation. Son nom circule sur toutes les lèvres, miennes comprises. J'ai beaucoup de chance de pouvoir être une petite souris derrière lui pendant huit semaines.

Exit la nuit parisienne, c'est désormais la lande battue par les vents qui sera mon royaume. J'appréhende la densité de travail qui m'attend et le fait de passer sept jours sur sept avec des gens avec qui je n'ai pas grand-chose en commun hormis le boulot dans le cinéma et des blagues pas terribles, mais me rassure en me disant que je vais apprendre plein de choses. Je partage un gîte avec vue sur la mer avec Maxence et son deuxième assistant, Sylvain. Deux grandes chambres lumineuses côté plage, une petite et sombre côté rue. La hiérarchie de l'équipe caméra étant ce qu'elle est, la question ne se pose visiblement pas de savoir qui se dévouera pour cette dernière. Elle m'est attribuée sans discuter.

Le lendemain, on attaque directement par des scènes de tempête dans les rues d'Agon-Coutainville qu'on jurerait vidées de leurs habitants exprès pour nous. Le visage poupin et les yeux rieurs malgré la cinquantaine qui approche, Yvon, le chef opérateur, prend tout de suite le pouvoir sur le plateau. Notre réalisateur est plus jeune, sans doute pas très talentueux, adorable et mal assuré. Il n'a pas l'avantage dans le combat de petits coqs que lui a réservé le maître des images. Dès le matin, Yvon me baptise « Choupette » tout en me donnant des ordres absurdes qui transpirent le mépris souriant. Je le déteste immédiatement. Ça n'a l'air de choquer personne. Choupette, c'est moi. En quelques heures, je suis sa chose, le fait que j'admire tant son travail m'a désarmée. Le soir venu, je dis à Maxence et Sylvain que je n'ai pas faim et m'enfuis sur la plage. Les larmes coulent sans discontinuer, comme elles le feront tous les soirs des semaines suivantes. Rien n'a donc changé ? Je suis encore une fois seule, écrasée, merde à la fin. Le plateau de cinéma est une cour d'école. On y fait des marques au sol à la craie, on délimite l'espace, on crie, on chuchote, on se frôle, on cherche sa place dans le groupe, on esquive du mieux qu'on peut les prises de pouvoir. J'y retrouve la fragilité qui était la mienne sous le préau en béton armé de mon enfance. Comment m'insérer dans cette danse ? Comment être acceptée ? Volontaire, cherchant désespérément comment ça marche et n'y parvenant pas, je crois bien que je ne me suis jamais sentie aussi seule que pendant un tournage. Je rentre finalement au gîte alors que les deux autres sont endormis. Je squatte toutes les prises électriques pour y brancher les batteries à recharger pour le lendemain et me glisse, résignée, dans des draps qui ne sont pas les miens.

J'encaisse les six premiers jours comme un tunnel. Les autres se retrouvent le soir autour d'un verre, enchaînent avec les interminables et bientôt mythiques soirées coke de l'équipe cantine tandis que je pars diluer ma tristesse dans les rues de cette charmante station balnéaire un peu désuète. La nature m'apaise, la plage est belle, le ciel changeant, indifférent au dérisoire de ce tournage sans importance. Je regarde les quelques habitants de la ville comme des bêtes étranges qui ne mesurent pas la chance qui est la leur : appartenir au monde.

Le samedi soir arrive, mon premier week-end de 24 h. Enfin.

Une fête de début de tournage, payée par la production, s'organise : quand on bosse comme des tarés, la cohésion d'équipe c'est important, faut la bichonner. C'est au-dessus de mes forces. Le dernier plan de la semaine dans la boîte, je disparais à nouveau vers cette plage qu'ils sont tous trop bêtes pour investir. Je parle aux étoiles, la terre continue de tourner. Je passe le dimanche à éviter les membres de l'équipe, à toucher le sable humide, à goûter l'air vert et épais. Cette journée est à moi, on ne me la volera pas.

Lundi matin. Déjà. Yvon est survolté.

« Ben alors Choupette, t'étais où samedi soir ? Faut pas être sérieuse comme ça, faut faire la fête. »

Je renvoie la balle, du tac au tac : « Heu, pardon ? (je tartine mes mots de tout le mépris dont je suis capable) Faut pas "faire la fête", non. C'est quoi ces conneries ? Je vois vos tronches six jours sur sept, tu me parles mal toute la journée. Le samedi soir je suis en week-end, merci bien. »

Ce sera mon unique sursaut de fierté en deux mois. Les limites du tolérable en matière de prise de pouvoir ayant été, dès le début, allègrement pulvérisées, je n'ai plus aucun repère, ne réagis plus, fais docilement ce qu'on me demande, compte les jours, les heures, les minutes, en faisant le dos rond. Au bout de deux semaines qui pèsent lourd comme une année entière, on déménage et tourne désormais sur la lande sauvage du cap de la Hague. Les nuages et la mer se touchent. Je m'accroche aux paysages magnifiques, aux mille nuances de gris du ciel, au jaune vif et au vert sapin des ajoncs piquants. Ils apaisent ma peine malgré les pièges qu'ils tendent partout autour de moi : car gérer du matériel de tournage en cinémascope sur ces falaises inhospitalières est un sport de combat. Sans cesse déplacer ces satanées caisses d'objectifs qui pèsent une tonne, tirer la roulante caméra sur des chemins acérés d'épines. Je malmène mon corps pour tenir le choc, fonce dans le tas tel un bulldozer, et compte machinalement les bleus sur mes cuisses le soir en me déshabillant.

On loge à présent à l'hôtel Mercure de Cherbourg. Ironie du sort, l'équipe régie a naïvement pensé que les chambres avec lit double étaient plus confortables que celles avec lit simple et les a donc attribuées aux chefs de poste. Pas de bol, elles sont beaucoup plus petites et sombres, avec douche (au lieu d'une baignoire pour les autres) et situées côté rue quand celles à lit simple offrent une vue splendide sur le port et les soleils couchants. Le premier soir, j'arrive un peu tardivement à la réception de l'hôtel, pile au moment où Maxence déboule, hors de lui, des étages et hurle à la réceptionniste « Il faut absolument me changer de chambre ! Tout de suite. Je veux être sur le port.

— Impossible, monsieur, l'hôtel est complet. »

Il insiste, elle tient bon. Ce mec est vraiment odieux.

Indifférente à la scène, je m'annonce au comptoir et demande innocemment :

« Et moi, je suis côté rue ou côté port ?

— Sur le port, mademoiselle.

— Merci ! »

J'attrape ma clé et disparais dans l'ascenseur en sautillant sous le regard médusé de Maxence. Durant tout le repas du soir au restaurant de l'hôtel, il fait pression sur moi pour qu'on échange nos chambres. Je fais celle qui ne comprend pas, incroyablement détendue par le long bain que je viens de savourer.

Comme une bulle au milieu des nuages, moi qui me croyais définitivement asexuée, j'ai une aventure avec un stagiaire régie qui habite dans le coin. Il est grand, lumineux, doux et attentionné, un petit côté extraterrestre dans son genre. Ça se fait naturellement, on se reconnaît lui et moi. On ne partage pourtant pas grand-chose, mais le seul fait qu'il existe me fait un bien fou. Il habite de l'autre côté du monde, dans une caravane à quelques kilomètres de là, m'y accueille pour deux nuits. Bien sûr, tout le monde est immédiatement au courant puisque je ne suis pas rentrée à l'hôtel. J'essuie sans broncher les clins d'œil appuyés et les allusions graveleuses tout le reste du tournage. C'est la colonie de vacances sans les vacances. Youpi.

Je tente par tous les moyens de déchirer la fine pellicule qui m'isole de l'extérieur. Je ne comprends décidément pas que l'on bloque sans état d'âme des routes et des automobilistes sur le chemin du travail tout en se donnant des airs de conspirateurs avant-gardistes : « Veuillez patienter, madame, on tourne un film (ne pas oublier de rouler ici des yeux avec importance en appuyant bien le "F" de "film").

— Et moi je vais soigner des gens à l'hôpital du coin, merci. »

Le « deux poids, deux mesures », celui qui brouille tout sens des priorités, m'est toujours plus étranger. La hiérarchie écrasante qui distribue le degré de respect que chacune et chacun reçoit sur un plateau m'est toujours plus insupportable. Une rage immense que je semble être la seule à éprouver monte en moi, comme la mer qui partout nous entoure. Les acteurs, qui n'ont bien sûr rien demandé à personne, me sortent littéralement par les trous de nez. Race à part, on vient délicatement les cueillir en bas de chez eux en voiture. Tout le monde s'esclaffe à la plus insignifiante de leurs plaisanteries. Au moindre courant d'air, on leur tend des chaufferettes pour préserver leurs mains fragiles pendant que mes doigts frigorifiés brûlent au contact du métal glacé des magasins de caméra. On ne cesse de s'extasier de trouver chez eux ce qui relève pourtant de la plus banale des politesses.

« Marion Cotillard, c'est une crème !

— Ah bon ? Elle t'a dit bonjour, c'est ça ? »

Je suis amère, aigrie, n'arrive plus à m'émerveiller de rien, ai peu à peu totalement perdu de vue l'amour que j'avais pour le cinéma. Quand je pénètre dans une salle obscure, je vais au turbin. Ça fait mal. Tout ce que je touche est contaminé. Les émotions ne me traversent plus. Je suis un bloc qui dissèque, analyse, jauge le savoir-faire des autres. Regarder un film, c'est faire ses gammes. Sans bonheur et sans élan.

Le « métier-passion ». Quelle foutaise ! Pas en règle générale mais en particulier. Dans ma tête et dans mon cœur. Je suis aujourd'hui, tout autant qu'avant, fascinée par ceux qui y arrivent sans effort, qui s'ouvrent comme des fleurs sous le vent de l'agitation et du débordement, qui ne s'éteignent pas brusquement comme de faibles chandelles quand il leur faut tout donner à un métier et un seul. Moi je m'éteins à chaque fois. C'est quasi mathématique.

Ce qui est mystérieux dans tout ça, c'est que je ne me souviens absolument pas de la manière dont j'ai changé d'équipe. Le trou noir. Mais ça arrive tout à coup, hop, je change d'équipe. On m'appelle une fois, je dis oui. Et je dis non à Maxence qui me proposait un truc en même temps. Je troque le 35 mm pour le 16 mm, l'avant-garde de seconde zone pour le téléfilm au kilomètre. Le chef opérateur est un vieux briscard à la surnaturelle crinière blonde. Il est là depuis bien plus longtemps que nous tous, vient du cinéma à la papa tendance 7e compagnie, n'a rien à prouver à personne, s'en tamponne des jeunes premiers et des prix d'interprétation. Sa voix rocailleuse est douce à mon oreille. Son assistante, Lola, une boule d'énergie solaire aussi petite que moi, m'adopte en un sourire. Je deviens sa deuxième. On bosse beaucoup, beaucoup plus vite, beaucoup moins précisément, payés en espèces sonnantes et trébuchantes plutôt qu'en aura vaporeuse et mensongère. Avec le sens du travail bien fait et la conscience détendue que ce sont bien des navets façon prime time télévisé que l'on tourne. Ça fuse, on ne fait plus semblant. J'existe, j'ai trouvé ma place. Celle où la prétention artistique n'a plus le loisir d'écraser mon cœur en regardant de côté.

Un jour, l'air de rien, le chef opérateur me montre du doigt et à distance une des comédiennes, personnage récurrent de la série totalement dispensable que l'on tourne. Il chuchote : « Elle, là-bas, ce sont *Les yeux sans visage.* »

Édith Scob. Le film de Georges Franju, c'est elle. Je la regarde. Cette femme âgée aux traits fins et frêles articulations, cette voix de châtelaine respectueuse et distanciée, ce nez pointu, ces doigts qui dansent, ce regard immense. Attendant professionnellement de glisser sa réplique calibrée pour TF1, elle discute posément et sans ostentation à côté de la machine à café. Enfin non, ce n'est pas possible. Elle ? Je me tourne à nouveau vers lui, incrédule. Mes yeux interrogent : « Vraiment ? » Il hoche la tête d'un air malicieux. Oui.

Mon amour du cinéma fait « pop » tout à coup. « Pop » à nouveau. « Pop » comme une fleur éclose en accéléré sous l'œil d'une caméra documentaire. Il était toujours là en fait.

J'avais besoin de ça. Pour savoir enfin, définitivement et sans retour possible, que le cinéma n'est pas mon monde. J'avais besoin qu'il ne s'agisse pas de personnes, de prises de pouvoir individuelles, de surnoms ridicules. Toutes choses égales par ailleurs, comme dans une expérience scientifique. Que mon inadéquation émerge d'un fourmillement accueillant et sans prétention.

Tout ça prend encore du temps. Je suis adoptée, je les adopte. Ils me rappellent. Les tournages s'enchaînent sans pause. On plie proprement un tournage le vendredi soir, on se retrouve pour les essais caméra du suivant le lundi matin. C'est un travail comme un autre. Je suis leur seconde assistante, ça ne fait pas un pli. La grande famille. Je me souviens précisément de ce moment où Lola me dit : « On fait le plus beau métier du monde. » Elle le pense très sincèrement. Mon rôle n'est pas de la détourner de cette conviction mais d'interroger la mienne qui lui est en tout point opposée : la conviction que je bosse comme une dingo et suis payée à fabriquer du temps de cerveau disponible. Ça m'abîme un peu plus chaque jour. J'ai beau gagner ma vie, je ne peux pas tenir longtemps à ce jeu-là. On est en août 2006, ça fait un an que je suis sortie d'école et six mois que je bosse 50 heures par semaine sans discontinuer. Emportée à bord d'un radeau qui malgré mes efforts s'éloigne chaque jour un peu plus de la côte, je regarde mes amis vivre leur vie au loin, créer des liens, créer des moments dont j'entends vaguement parler quand je reviens. La fête où je n'étais pas. Le nouveau boulot de Charlotte, la nouvelle copine d'Aurélien.

La fin du tournage en cours est proche. Rien de prévu derrière, bientôt les vacances. Une ou deux semaines à tenir, c'est minuscule. Et puis finalement non, c'est reparti pour un tour : Lola me propose d'enchaîner avec trois mois sur une série policière. J'accueille la nouvelle comme la tuile du siècle mais affiche un enthousiasme 100 % plastique parfaitement maîtrisé. Me suis-je déjà avoué qu'il fallait tout arrêter ? Je ne pense pas. J'ai l'impression que cette évidence partout m'encercle sans que je ne puisse la dire. Ni à moi ni aux autres. Pendant le week-end, j'ai ma mère au téléphone pour tout autre chose, mais la conversation se fixe assez vite sur la suite des événements. Je souffle dans un sanglot : « Je voyais la lumière au bout du tunnel et puis j'en reprends finalement pour trois mois.

— Non mais tu t'entends parler de ton boulot, Manon ? Un tunnel ? C'est pas possible, enfin ! Arrête.

Je t'en supplie, arrête. Momentanément, pas définitivement, mais arrête. »

Il a suffi de ça. Que ma mère m'y autorise. Petite fille, une dernière fois.

La semaine suivante, je suis dans la voiture d'un des assistants opérateurs, en transit entre deux décors. La caméra tout équipée en équilibre sur mes genoux, pendant qu'il conduit. Il fait beau. Les champs grillés par le soleil estival défilent par la vitre baissée. L'air crépite. Ça sent bon les grandes vacances. Rien ne peut annoncer que ce sera mon dernier tournage. Je ne le sais pas moi-même, sinon je reculerais.

Lui : « Alors, tu continues avec nous dans dix jours ? »

Il pose la question pour la forme, comme s'il évoquait le temps qu'il fait. La réponse va de soi. Moi, en pilotage automatique, aussi focalisée que pour une rupture amoureuse : « Non, je ne pense pas. J'ai besoin de repos. Je suis épuisée, je n'y vois plus clair. Il faut que je fasse une pause. »

Il est estomaqué. Décidément, j'ai le chic pour répondre à côté de la plaque.

« Tu te rends compte de tout l'argent auquel tu renonces ?

— Bien sûr que je me rends compte. Mais c'est maintenant que je peux le faire. C'est maintenant que je dois le faire. J'ai un train de vie d'étudiante, un loyer ridicule, je vis de rien. Je peux me le permettre. Quand j'aurai des enfants et un crédit sur le dos comme toi, il sera trop tard, je serai coincée. Tu es coincé. Pas moi. »

Je suis violente sans l'avoir calculé. Aucun filtre. Il encaisse le coup.

En descendant de voiture, c'est lui qui se charge d'annoncer la nouvelle au reste de l'équipe : « Tu sais pas la meilleure ? »

Ça s'est fait comme ça. J'ai refusé un contrat. Un seul. Un caillou dans la machinerie bien huilée. Et tout s'est enrayé. Parfaitement enrayé.

Le tournage se termine. Je suis censée récupérer du matériel consommable pour mon trousseau d'assistante opératrice, ma « bijoute » comme on dit dans le métier. Pour la suite, le tournage d'après. Tout le monde fait ça. Du scotch gaffer, des feutres indélébiles, des bombes à air comprimé pour nettoyer les magasins de caméra. Au lieu de ça, je n'ai qu'une seule idée en tête : mettre la main sur le stock de Polaroïds de la scripte. Faire des images pour moi. Quand elle accepte, je couve du regard mon précieux butin. Je dis « à bientôt » tout le monde. J'y crois. Que ce ne sera qu'une mini pause ! Pour mieux revenir.

Je prends un aller simple en train pour Berlin, ne veux surtout pas savoir ni décider quand je reviens. J'y savoure en solitaire et comme des bonbons les phrases des premières leçons de la méthode Assimil : « Heute ist ein großer Tag. Warum? Sie lernen Deutsch! » Je me jette dans le vide qui me réceptionne avec douceur. Chaque seconde est intense, éclatante de joie, même dans les grosses galères. Je parle toute seule, me chuchote à quel point la vie est belle. Je ne pourrai jamais redevenir assistante caméra.

J'invente la suite au fur et à mesure que mon compte en banque se vide. Mon père est un peu déçu mais le dit sans jugement : « tout ça pour ça. » Un ami me prévient : « Tu vas voir, au bout de deux ou trois mois, t'en auras marre, t'auras envie de bosser. » Les mois passent et ce moment n'arrive jamais. Je suis encore intermittente du spectacle pendant quelques temps, épuise méthodiquement mes droits, puis passe au « fonds de soutien », deviens RMIste, fais mille choses qui n'ont rien à voir avec le cinéma, ne mets plus un pied dans les salles obscures. La lumière dans les yeux des gens a définitivement disparu autour de moi. J'apprends lentement à nager. L'été, j'épluche des pommes de terre en cuisine. Quand je commence finalement à sentir le fond lisse de la tirelire sous mes doigts au moment d'y puiser de l'argent, je remets la machine en route, passe un CAP de projectionniste. Il faut bien vivre et un projecteur, ça n'est jamais qu'une caméra à l'envers. Je croise un ancien complice d'école de cinéma qui a été projectionniste dans une vie antérieure. Il me glisse avec nonchalance et dans un demi-sourire : « C'est marrant. Avant, je bossais dans un cinéma et maintenant je travaille dans LE cinéma. Toi, tu as fait le trajet exactement inverse. » Le petit ton de mépris dont il recouvre chaque syllabe coupe net le fil qui me reliait à lui. Un autre me parle de talent gâché, ne parvient visiblement pas à se réjouir de ma liberté retrouvée. Ils n'ont vraiment rien compris.

Mais la pellicule des lourdes bobines de film me prend par la main, m'enlace, me soutient. Préservée de la cour d'école des tournages, elle a suivi la projectionniste que je suis devenue, a la même saveur qu'avant, file à nouveau entre mes doigts, sans douleur cette fois. Mon corps reconnaît son chemin, mes oreilles le clac ! que font ses perforations sur l'acier. Il fait sombre dans une cabine de projection, le bruit est assourdissant. Je touche le métal, le polyester, le plastique, passe ma main dans le faisceau du projecteur. Les visages flous et lumineux s'y succèdent, la poussière en suspension y scintille. Tapie dans le sous-marin de la cinéphilie, rouage humain d'une énorme machine, j'observe les silhouettes des spectateurs soulignées par la luminosité fluctuante d'un écran perforé. Je fais partie d'un tout. Ma joie émerge du noir.

Pour toutes questions relatives à son livre, vous pouvez contacter l'autrice Manon Delatre à l'adresse suivante sefairevirer@riseup.net

À paraître aux éditions du commun

La mélancolie de la nasse — Xavier Calais

Le Grand Lustucru, explorations urbaines, balades, dérives, traversées — Julien Martin Varnat

Éprouver le sens de la peine — Jérôme Ferrand, Fabien Gouriou, Olivier Razac

Récemment paru

Joie militante, construire des luttes en prise avec leurs mondes — carla bergman, Nick Montgomery, traduction Juliette Rousseau

Petit manuel critique d'éducation aux médias, pour une déconstruction des représentations médiatiques — Collectif La friche, EDUmédias, préface Nora Hamadi

Où sont les gens du voyage ? Inventaire critique des aires d'accueil — William Acker

En écoute et téléchargement gratuit sur le site des éditions : www.editionsducommun.org.

Achevé d'imprimer en mai 2021
par Corlet Imprimeur
14110 Condé-en-Normandie
Numéro d'impression : 21030847
pour le compte des éditions du commun.
Imprimé en France

La collection des réels réunit des textes et des récits de vie qui se tiennent au bas du ventre comme le poids des souvenirs.

Le réel dans sa dimension sociale, vivante, éprouvée, chahutée, le réel pour rappeler au goût de vivre, à l'autre, au commun.

C'est ce qui est, ce qui souffle en chacun et chacune d'entre nous, la pulsation et la chair.

Non-fiction, auto-fiction ou récit, le réel se matérialise par les mots et le rythme. Et c'est à travers eux que nous entrons au cœur de ce qui fait la singularité de chaque personne, son intimité.

Une intimité qui porte les motifs d'un avenir collectif et commun.